Schindler   Allgemeine Volkswirtschaftslehre

S. 83

Werner-Ingenieur-Texte 28

Dr. W.-D. Schindler, Professor
an der Fachhochschule Rosenheim

Allgemeine Volkswirtschaftslehre

für Ingenieur- und Fachhochschulen

Werner-Verlag

1. Auflage 1972
23 Abbildungen

DK 330.1(075) : 330.18 : 336.74 → 338
© Werner-Verlag GmbH · Düsseldorf · 1972
Printed in Germany
Alle Rechte, auch das der Übersetzung in fremde Sprachen, vorbehalten. Ohne ausdrückliche Genehmigung des Verlages ist es auch nicht gestattet, dieses Buch oder Teile daraus auf fotomechanischem Wege (Fotokopie, Mikrokopie) zu vervielfältigen.
Zahlenangaben ohne Gewähr
Gesamtherstellung: Weiß & Zimmer AG, Mönchengladbach
Archiv-Nr.: 301–1.72; Best.-Nr.: ISBN 3 8041 3313 4

Vorwort

Im vorliegenden Band 28 der Werner-Ingenieur-Texte soll eine Einführung in die mikro- und makroökonomische Betrachtungsweise der Wirtschaftswissenschaften gegeben werden, denn das steigende Interesse an wirtschaftlichen Veröffentlichungen zeigt, daß Fragen der Betriebs- und Volkswirtschaftslehre zunehmend in das Bewußtsein einer breiten Öffentlichkeit rücken.

Innerhalb der Darstellung werden auch einige Fragen aus dem Bereich der Wirtschaftsgeschichte, soweit sie für die Gegenwart von Bedeutung sind, beleuchtet. In einem an den theoretischen Teil sich anschließenden wirtschaftspolitischen Exkurs werden aktuelle Probleme der Währungspolitik unter außenwirtschaftlichen Aspekten exemplarisch erörtert.

Es wird der Versuch gemacht, den Studierenden der Ingenieur- und Fachhochschulen (Fachbereich Wirtschaft als Einführung) einige wirtschaftliche Fakten und Zusammenhänge näher zu bringen. Gleichzeitig soll jedoch das Wechselspiel von Theorie und Praxis zeigen, inwieweit beide miteinander übereinstimmen – oder nicht. Dabei soll, soweit dies möglich ist, die Kritik sachlicher und nicht ideologischer Art sein.

An den genannten Personenkreis, aber auch an den interessierten Laien, richtet sich die Einführung, die bereits im Jahre 1965 – in verkürzter Form – in den Unterrichtsblättern der Deutschen Bundespost erschienen ist. Die wertvollen Anregungen, die ich von Lesern, Studenten und Kollegen erhielt, habe ich in der vorliegenden Neufassung weitgehend berücksichtigen können. An dieser Stelle sei ergänzend auf die Allgemeine Betriebswirtschaftslehre von Dr. *Runge*, WIT-Bd. 26, hingewiesen.

Dem ideologisch orientierten Kritiker wird auffallen, daß das Konzept der Einführung ein ordoliberales ist, denn die wirtschaftliche Freiheit kann nicht durch Abschaffung der Wettbewerbsordnung erreicht werden; vielmehr ist die richtig praktizierte ordoliberale Wettbewerbsordnung das demokratischste Lenkungsinstrument unserer Wirtschaftsordnung.

Ökonomische Fachausdrücke sollen übersetzt oder so formuliert werden, daß sie den Studierenden verständlich sind, da ihnen die ökonomische Denk- und Ausdrucksweise oft fremd ist.

Für die Durchsicht des Manuskripts bin ich Herrn Bibliotheksrat Dr. *Schäfer* von der Hochschul- und Landesbibliothek in Darmstadt zu Dank verpflichtet.

Im Oktober 1971

Dr. Wolf-Dieter Schindler, Professor
an der Fachhochschule Rosenheim

Inhaltsverzeichnis

Teil A Grundlagen 11

1. Allgemeine Vorbemerkungen und Abriß der Wirtschaftsgeschichte 11
1.1. Voraussetzungen und Grundlagen des Wirtschaftens 11
1.2. Themenstellung und erkenntnistheoretische Probleme 12
1.3. Wirtschaftslehre und Wirtschaftsgeschichte 14
1.3.1. Der Merkantilismus und seine Spielarten 15
1.3.2. Die Physiokraten und das Tableau Economique 16
1.3.3. Die englische Klassik (der Liberalismus) 16
1.3.3.1. Adam Smith (Preisbildung) 18
1.3.3.2. David Ricardo (Arbeitswertlehre) 18
1.3.3.3. Malthus, Mill und Say 19
1.3.4. Der Marxismus als Wirtschaftslehre......................... 19
1.3.4.1. Historische Grundlagen 20
1.3.4.2. Die Entwicklungsgesetze 20
1.3.4.3. Die ökonomischen Grundgesetze 21
1.3.4.4. Die ökonomischen Bewegungsgesetze 21
1.3.4.5. Zur Weiterentwicklung und Kritik des Marxismus als Wirtschaftslehre 22

2. Die Produktion und die Produktionsfaktoren 26
2.1. Die Bedeutung der Produktionsfaktoren 26
2.1.1. Boden 26
2.1.2. Arbeit 28
2.1.3. Kapital 29
2.1.4. Der vierte Produktionsfaktor (Bildung) 30
2.2. Das Zusammenwirken der Produktionsfaktoren 30
2.2.1. Leistungsstrom und Wertkreislauf im Betrieb 30
2.2.2. Grundzüge der Kostentheorie 32
2.2.2.1. Abgrenzung der Kosten 32
2.2.2.2. Gliederung und Verhaltensweisen der Kosten 33
2.2.2.3. Statischer Kostenverlauf 36
2.2.2.4. Dynamischer Kostenverlauf 39
2.2.3. Die Gesamtangebotskurve 39

3. Konsumtion und Zirkulation ... 41

3.1. Das Wesen der Konsumtion ... 41
3.1.1. Die Bestimmungsgründe der Nachfrage ... 41
3.1.2. Die Gesamt-Nachfragekurve ... 44
3.2. Das Wesen der Zirkulation ... 45
3.2.1. Der Wert in der Wirtschaftslehre ... 45
3.2.2. Die Preisbildung in der vollständigen Konkurrenz ... 45
3.2.2.1. Die Voraussetzungen der vollständigen Konkurrenz ... 45
3.2.2.2. Die statische Preisbildung ... 46
3.2.2.3. Die dynamische Preisbildung ... 47
3.2.3. Die Wettbewerbsordnung ... 48
3.3. Überblick über Teil B (Wirtschaftsablauf) ... 49

Teil B Wirtschaftsablauf ... 50

4. Marktformen, Geldlehre, Wirtschaftssysteme und soziale Marktwirtschaft ... 50

4.1. Marktformen und Preisbildung ... 50
4.1.1. Marktformen und Preisbildung auf dem vollkommenen Gesamt-Markt ... 50
4.1.1.1. Das Monopol und seine Preisbildung ... 50
4.1.1.2. Die Marktformen des Oligopols ... 53
4.1.2. Marktformen und Preisbildung auf dem unvollkommenen Gesamt-Markt ... 53
4.1.2.1. Die unvollständige Konkurrenz und die Preisdifferenzierung .. 53
4.1.2.2. Die oligopolistische Konkurrenz, Kartelle und Konzerne ... 54
4.1.2.3. Die Preisbindung der zweiten Hand und die Richtpreise ... 55
4.1.3. Die Funktionsfähigkeit des Preissystems ... 55
4.2. Bedeutung und Wirkungen des Geldes im Wirtschaftsablauf .. 56
4.2.1. Funktionen und Wert des Geldes ... 56
4.2.2. Die Wirkungen des Geldes ... 58
4.2.3. Kritische Betrachtung der Sparquote ... 59
4.3. Die Wirtschaftssysteme und die soziale Marktwirtschaft ... 62
4.3.1. Zentralverwaltungswirtschaft und liberale Marktwirtschaft ... 62
4.3.2. Der Ordo-Liberalismus (Freiburger Schule) ... 62
4.3.3. Die soziale Marktwirtschaft ... 63
4.3.3.1. Ausgangspunkte und Aufgaben (Vermögensbildung) ... 63
4.3.3.2. Das Konzentrationsproblem ... 67
4.3.3.3. Das Gesetz gegen Wettbewerbsbeschränkungen ... 68

5. Verteilung, Wachstum, Konjunktur, Staat, Außenhandel, Wirtschaftskreislauf und Sozialprodukt ... 70

5.1. Gegenstand der Verteilungslehre und des Wirtschaftskreislaufs 70
5.1.1. Grundrente, Lohn, Zins und Unternehmergewinn ... 70
5.1.2. Funktionelle und personelle Verteilung ... 73
5.1.3. Wirtschaftskreislauf mit Unternehmen und Haushalten ... 74

5.2.	Wachstum und Konjunkturentwicklung (Multiplikator und Akzelerator)	75
5.2.1.	Die Bedeutung des wirtschaftlichen Wachstums	75
5.2.2.	Die Ursachen von Konjunktur und Krise	78
5.3.	Die Wirkungen des Außenhandels und der Staatstätigkeit	80
5.3.1.	Wirtschaftskreislauf mit Außenhandel (Zahlungsbilanz)	80
5.3.2.	Das Problem der importierten Inflation	83
5.3.3.	Wirtschaftskreislauf mit Staatstätigkeit	84
6.	**Wirtschaftskreislauf, Sozialprodukt und volkswirtschaftliche Gesamtrechnung**	86
6.1.	Wirtschaftskreislauf mit Sozialversicherung, Inland, Ausland und Staatstätigkeit	86
6.2.	Entstehung, Verteilung und Verwendung des Sozialproduktes	87
6.3.	Sozialprodukt und volkswirtschaftliche Gesamtrechnung	89
7.	**Zusammenfassung**	91
8.	**Exkurs: Aktuelle Probleme der Währungspolitik unter außenwirtschaftlichen Aspekten im Rahmen der Wirtschaftspolitik**	92
8.1.	Ziele, Träger und Instrumente der Währungspolitik	92
8.2.	Stabiles Geld und ausgeglichene Zahlungsbilanz im magischen Viereck	93
8.3.	Die Ursachen der gegenwärtigen Währungskrise (Störungsfaktoren)	94
8.4.	Währungsstabilität, Zinsen und Außenhandel im engeren Zusammenhang	95
8.5.	Das währungspolitische Dreieck der Deutschen Bundesbank	96
8.6.	Grundsätzliche Möglichkeiten eines Ausgleichs	96
8.6.1.	Das System von Bretton Woods und Verbesserungsvorschläge	96
8.6.2.	Die Devisenbewirtschaftung	97
8.6.3.	Voll-flexible Kurse (s. Kanada)	97
8.6.4.	Der gegenwärtige Versuch und seine Gefahren	97
8.7.	Flankierende binnenwirtschaftliche Maßnahmen und ordnungspolitische Eingriffe	98
8.8.	Nationale Wirtschaftspolitik, europäischer Agrarmarkt und Wirtschafts- und Währungsunion	98
8.9.	Schlußbetrachtung (Zusammenfassung in Thesen)	99
	Das Währungsabkommen von Washington vom 18./19. 12. 1971	100
Literaturverzeichnis		103
Personen- und Sachregister		107

Teil A Grundlagen

1. Allgemeine Vorbemerkungen und Abriß der Wirtschaftsgeschichte

1.1. Voraussetzungen und Grundlagen des Wirtschaftens

Die Notwendigkeit zu wirtschaften ergibt sich aus der Knappheit der Güter und der Unersättlichkeit der Bedürfnisse. – Unter *Bedürfnis* versteht man das Gefühl eines Mangels, verbunden mit dem Wunsch, diesem Mangel abzuhelfen. Nach der Dringlichkeit, mit der die Bedürfnisse befriedigt werden, unterscheiden wir Existenz- und Luxusbedürfnisse. Ferner kann man gliedern in:

a) gegenwärtige und zukünftige Bedürfnisse,
b) teilbare und unteilbare Bedürfnisse,
c) elastische und unelastische Bedürfnisse und
d) Einzel- und Gemeinschaftsbedürfnisse.

Die Bedürfnisse sind generell unersättlich, denn sobald die *Existenzbedürfnisse* befriedigt sind, treten immer neue *Luxusbedürfnisse* auf, die teilweise künstlich durch die Werbung geschaffen werden.

Güter sind Mittel, die zur *Bedürfnisbefriedigung* geeignet sind. Hier unterscheiden wir zwischen freien Gütern (z. B. die Luft oder der Sand in der Wüste) und wirtschaftlichen Gütern (Nahrungsmittel, Rohstoffe usw.), die im Verhältnis zu ihrer Nachfrage begrenzt verfügbar sind, die also knapp sind. Alle Güter werden letztlich auf Produktionsmittel zurückgeführt. Dabei unterscheiden wir die eigentlichen (originären) *Produktionsmittel* Boden und Arbeit und das abgeleitete (derivative) *Produktionsmittel*, das Kapital. Unter Kapital in diesem engen Sinne verstehen wir güterwirtschaftlich die produzierten Produktionsmittel, d. h. Produktionsmittel, die nicht originär sind.

Das Mißverhältnis zwischen der Knappheit der Güter und der Unersättlichkeit der Bedürfnisse wird durch das Wirtschaften überbrückt. Wir sprechen hier von der Anwendung des ökonomischen Prinzips, das im Maximal- oder Minimalprinzip seinen Ausdruck finden kann.

Einmal soll mit einem gegebenen Gütervorrat eine höchstmögliche Bedürfnisbefriedigung erzielt werden *(Maximalprinzip)*, zum anderen soll mit einem geringstmöglichen Gütervorrat ein bestimmter, gesetzter Erfolg erreicht werden *(Minimalprinzip).*

Das ökonomische Prinzip findet auf der Angebotsseite (Produzent) seinen Ausdruck im *Erwerbsprinzip,* das auf die Gewinnmaximierung ausgerichtet ist, und auf der Nachfrageseite in den *Gossenschen Gesetzen,* d. h. in den Nutzenvorstellungen der Verbraucher. Hier sei nur kurz ausgeführt, daß der Verbraucher sich von jedem wirtschaftlichen Gut einen Nutzen verspricht, der jedoch mit zunehmender Angebotsmenge des Gutes abnimmt, d. h. der Nutzen ist eine Funktion der Menge. Abgestellt auf die letzte Einheit eines Gutes *(Grenzbetrachtung)* sinkt der Grenznutzen mit zunehmender Menge dieses Gutes. Diese Zusammenhänge zeigte zuerst *Gossen* auf, man spricht daher von den *Gossenschen* Gesetzen.

1.2. Themenstellung und erkenntnistheoretische Probleme

Die Aufgabenstellung des Themas besteht darin, das *Entstehen* und den *Ablauf* des Wirtschaftsprozesses kurz zu skizzieren. Bei der Fülle der Probleme und dem Umfang des Stoffes handelt es sich nur um eine Einführung; es wird daher nicht möglich sein, alle auftretenden Fragen bis zur letzten Konsequenz zu verfolgen. Auch eine systematische Darstellung des Wirtschaftsablaufs unter Einbeziehung der modernen Geld- und Konjunkturpolitik, des Außenhandels (EWG-GATT usw.) und der öffentlichen Finanzwirtschaft (Steuern und öffentliche Haushalte), darf nicht erwartet werden, da diese Themen den Rahmen einer Einführung sprengen würden, zumal ihr Einfluß auf den Wirtschaftsprozeß – ohne Kenntnis der Grundlagen – nur schwer verständlich wäre.

Erste Etappe des Wirtschaftsablaufs ist die *Produktion* im umfassenden Sinne der Bereitstellung der Güter.

Diese Güter werden in der zweiten Etappe *von den Haushalten und den Betrieben* nachgefragt *(Konsumtion),* d. h., sie werden auf den Märkten ausgetauscht und im Wege der *Preisbildung* bewertet *(Zirkulation).*

Die Preisbildung ihrerseits entscheidet jetzt im Wege der *Einkommensbildung* in der dritten Etappe über die Größe des Anteils jedes einzelnen am Gesamtprodukt *(Distribution).* Diese Anteile werden dann verbraucht, gespart oder investiert, also ihrer Bestimmung zugeführt.

Die dargestellten Prozesse wickeln sich gleichzeitig ab, und es besteht eine allgemeine *Interdependenz* (Abhängigkeit), die wir jedoch zur Vereinfachung zunächst außer acht lassen.

Die Themenstellung wird, worauf einleitend hingewiesen wurde, um einen Exkurs über aktuelle währungspolitische Probleme erweitert, die unter ordnungspolitischen Gesichtspunkten analysiert werden. Bei der Aktualität eines derartigen Themas kann neben den grundsätzlichen Erörterungen, die zeitlos sind, nur der jeweils letzte Sachstand bei Abgabe des Manuskriptes erörtert werden.

Um die Zusammenhänge der wirtschaftlichen *Daten* besser erkennen zu können, bedient man sich des gedanklichen Modells. (Daten sind nach *W. Eucken:*

1. Die Bedürfnisse, 2. die Bevölkerung, 3. die Rohstoffvorkommen, 4. der Bestand an Sachkapital, 5. das technische Wissen und 6. die rechtliche und soziale Ordnung.)

Die wesentlichen Bausteine der Modelle sind der wirtschaftlichen Wirklichkeit entnommen. Die allgemeingültigen Aussagen des Modells sind Gesetze. Die wirtschaftlichen Gesetze sind – im Gegensatz zu den naturwissenschaftlichen – nicht so exakt erfaßbar, weil die wirtschaftliche Ordnung durch den Menschen (z. B. durch seine Verhaltensweisen) beeinflußt wird. Die wirtschaftlichen Gesetze sind daher mehr allgemeingültige *Gesetzmäßigkeiten oder Tendenzen,* wobei es sich um Zusammenhänge funktioneller Art handelt.

Zur Modellbildung benötigt man erkenntnistheoretische Hilfsmittel. Das Modell selbst kann man zuerst im Ruhestand, d. h. statisch, dann vergleichsweise – statisch und schließlich im Prozeßablauf, d. h. dynamisch betrachten.

Erkenntnistheoretische Kunstgriffe sind:

1. Die Isolation

Hier wird jeweils eine bestimmte Erscheinung für sich allein (isoliert) betrachtet. Man kann einmal die gesamte Wirtschaft als geschlossen ansehen (z. B. ohne Außenhandel), zum anderen kann man auch einzelne Wirtschaftserscheinungen isoliert betrachten.

2. Die Variation

Variieren heißt, die Erscheinung der Isolation zu einem anderen Zeitpunkt oder an einem anderen Ort betrachten. Dabei wird ein Faktor verändert (variiert), alle anderen bleiben gleich. Man läßt dann die Faktoren so lange untereinander wirken, bis sie sich optimal zueinander verhalten und jede weitere Änderung nur eine Verschlechterung mit sich bringen würde.

3. Annahme eines Gleichgewichts

Als Ausgangspunkt der Betrachtung geht man von einem Gleichgewichtszustand aus, damit die Wirkung der Daten besser verfolgt werden kann.

4. Unterstellung des Rationalprinzips

Bei den Modellbetrachtungen wird angenommen, daß alle Menschen nach einem bestimmten rationalen Prinzip arbeiten (Gewinnmaximierung); denn ohne diese Annahme wären Schlußfolgerungen und die Feststellung von Gesetzmäßigkeiten unmöglich, weil das wirtschaftliche Verhalten der Individuen unberechenbar ist.

Man unterscheidet die *qualitative* und die *quantitative* Untersuchung *(Analyse).* Bei der qualitativen Untersuchung werden Zusammenhänge festgestellt, und Aussagen nur der Richtung nach gemacht. Die quantitative Untersuchung führt zur mengenmäßigen Aussage über einen Tatbestand.

Unter Anwendung dieser Hilfsmittel arbeitet man mit Modellen, die zunächst statisch sind, d. h. alle wesentlichen Daten bleiben fest. Bei der vergleichsweise statischen Methode wird die Methode des Isolierens und Variierens mit der statischen Methode verknüpft. Das Modell wird untersucht, nachdem ein Datum geändert wurde. Der neue *Gleichgewichtszustand* wird dem anfänglichen Gleichgewichtszustand gegenübergestellt, der Weg dazwischen interessiert nicht. Innerhalb der dynamischen Betrachtungsweise wird der Prozeßablauf verfolgt, es liegt ein Un-Gleichgewicht vor.

Der *Methodenstreit*, in dem sich die Wissenschaftler damit auseinandersetzten, welche Methode für eine wissenschaftliche Erkenntnis der Wirtschaft am zweckmäßigsten sei, gilt heute als überwunden.

Die induktive Methode führt vom Besonderen zum Allgemeinen, die deduktive Methode geht vom Allgemeinen, d. h. von vorausgesetzten, allseits anerkannten Grundsätzen (Axiomen) aus und gelangt so zum Besonderen.

Die Methoden der Darstellung können verbal, graphisch oder mathematisch sein. Ein Nachteil der mathematischen Methode liegt darin, daß sie eine Exaktheit vortäuscht, die in der Praxis nicht gegeben ist; deshalb sollen alle Darstellungsweisen einander ergänzen. Innerhalb der modernen Volkseinkommensanalyse und der linearen Planung – auch in der Kostenrechnung – kommt der Statistik heute große Bedeutung zu. Man kann jedoch sagen, daß aus dem »mathematischen Topf« nie mehr herausspringt, als in ihn vorher hineingelegt worden ist.

1.3. Wirtschaftslehre und Wirtschaftsgeschichte

Die Wirtschaftslehre umfaßt die Volks- und die Betriebswirtschaftslehre. In Deutschland hat sich hier – im Gegensatz zu den USA, wo das Gemeinsame mehr betont wird – die Aufteilung der Wirtschaftslehre in die beiden genannten Disziplinen ergeben.

Die *Betriebswirtschaftslehre* befaßt sich mit den einzelwirtschaftlichen Fragen des Betriebes (mikroökonomische Analyse).

Die *Volkswirtschaftslehre* bevorzugt den volkswirtschaftlichen Kreislauf als Erkenntnisgegenstand (makroökonomische Analyse). Viele Fachgebiete werden von beiden Disziplinen gemeinsam erforscht, so z. B. die Standortlehre, das Gebiet der Produktions- und Kostenlehre die Wert- und Preislehre, die Preispolitik und die Investitions- und Kreditlehre. Die ökonomischen Tatbestände sind in den Betrieben, wie Gutenberg sagt, eng mit den technischen Vorgängen verknüpft. Der Betriebsablauf ist jedoch Teil des Wirtschaftskreislaufs, und beide beeinflussen sich wechselseitig. Aus diesen Gründen wollen wir versuchen, die Gemeinsamkeiten herauszustellen.

Die Wirtschaftslehre ist eine verhältnismäßig junge Wissenschaft. Die *Wirtschaftsgeschichte* ist innerhalb der Wirtschaftslehre von grundlegender Bedeutung. Sie hat jedoch nicht die Darstellung und Beschreibung des wirtschaftlichen Alltags vergangener Zeiten zum Ziel, es soll vielmehr, wie *Karl Marx* sagt, das im Menschenkopf umgesetzte und übersetzte Materielle erkannt werden.

Die wirtschaftlichen Aussagen des Altertums sind beschränkt. *Aristoteles* unterscheidet jedoch schon zwischen dem Gebrauchs- und dem Tauschwert. Den

Handelsgewinn und den Zins verurteilt er, da weder Handel noch Geld produktiv seien.

Auch in der Scholastik wurde der Zins durch *Thomas von Aquin* abgelehnt, da Geld nicht kalben könne (kanonisches Zinsverbot). Die Suche nach dem gerechten Preis steht im Mittelpunkt der mittelalterlichen Wirtschaftsbetrachtung. Der gerechte Preis – wir würden heute sagen, der Selbstkostenpreis – liegt dort, wo man das Gute ohne Betrug „verkaufen" kann. Eine ungerechtfertigte Bereicherung liegt erst dann vor, wenn der wirkliche Wert um die Hälfte überschritten wird.

Für das wirtschaftspolitische Verständnis der Gegenwart sind die Merkantilisten, die Physiokraten und die englischen Klassiker von Bedeutung. Die kritische Auseinandersetzung mit der Politischen Ökonomie des Marxismus-Leninismus, die heute die Jugend bewegt, sollte nicht unbeachtet bleiben, wenn auch hier das Feld der ökonomischen Analyse oft zwangsweise verlassen werden muß.

1.3.1. Merkantilismus und seine Spielarten

Zu Beginn der Neuzeit setzte ein gewaltiger Prozeß der Verweltlichung ein. Die Wissenschaft hatte positiv-praktische Zwecke und Ziele.

Sie sollte dem Menschen im unmittelbaren Lebenskampf nutzen und mittelbar oder unmittelbar neue Werte schaffen. Mit dem Siegeszug der Naturwissenschaften trat auch ein Wandel auf dem Gebiet der Wirtschaft ein. Durch den zunehmenden Fernhandel, den Geldverkehr und das Anwachsen der Bevölkerung begann die Wirtschaft ein Eigenleben zu führen, sich selbständig zu machen. Eine in sich abgeschlossene Systembetrachtung kannte man jedoch noch nicht. Es wurden lediglich wirtschaftspolitische Zusammenhänge erkannt. Man spricht heute von *Merkantilismus* oder *Merkantilistik*.

Der Merkantilismus umfaßt verschiedene Richtungen, die französische, die englische und die deutsche. Im Vordergrund stehen *Industrieförderung* (Manufakturen), Ausbau der *Infrastruktur* (Straßen und Kanäle), Erzielung einer aktiven Handelsbilanz, wobei die Bedeutung des *Goldes* besonders betont wird.

An die Stelle der Stadtpolitik trat die Territorialpolitik! Ihr Hauptgedanke war die Steigerung des Reichtums der Nation bzw. der sie bedingenden produktiven Kräfte. Die Förderung des heimischen Gewerbes ist somit ein Hauptanliegen des Merkantilismus, da durch Exportüberschüsse Gold ins Land hereinkommt. Man versuchte, möglichst viele Fertigprodukte zu exportieren und nahm an Importen nur Rohprodukte herein, wodurch ein *Aktivsaldo der Handelsbilanz* entstand. Es wurde ein umfangreiches *System von Einfuhrzöllen* (Schutzzöllen) und ein Einfuhrverbot für Fertigprodukte installiert, ebenso war der Export von Gold untersagt. Die ganze Bedeutung des Goldes und damit des Geldes wird durch die Merkantilisten erstmals erkannt. Auch ihr Schutzzoll-System war beispielhaft für Bismarck und die EWG-Marktordnungen. Voraussetzung für einen geregelten Geldumlauf war jedoch die Abschaffung der Binnenzölle und Straßenmauten innerhalb der Territorien. Sie entstanden die *Währungsgebiete*.

Der Merkantilismus lebt heute noch. Denken wir an die Wirtschaftspolitik *de Gaulles*, der die Rolle des Goldes überbetonte oder an die *Navigationsakte Crommwells*, die heute in der internationalen Seeschiffahrt noch von Bedeutung sind, da nur die Bundesrepublik ihre Schiffahrt voll liberalisiert hat. Auch die Staatsmonopole in Italien und Frankreich und die EWG selbst zeigen heute noch stark merkantilistische Züge.

1.3.2. Die Physiokraten und das Tableau Economique

Die *Physiokraten* entwickeln das erste geschlossene System (makroökonomisches Kreislaufsystem) einer Volkswirtschaft. *Quesnay* (1694–1774) geht davon aus, daß der Boden, der den Reinertrag, das produit net, abwirft, die alleinige Quelle des Reichtums sei. Er kennt drei Klassen (Abb. 1.1):

 I. Die *Bauern* (classe productive),

 II. die *Unternehmer* (classe stérile) und

III. die *Grundherren* (classe propriétaire).

Zwischen diesen drei Klassen strömt der Güter- und Geldkreislauf, den *Quesnay* im tableau économique verfolgt.

1. Die Bauern (I) erzeugen Produkte im Werte von 7 Mrd. frs. Davon bleiben 2 Mrd. frs., die den Eigenbedarf darstellen, außerhalb des Kreislaufs.
2. Von den ausströmenden 5 Mrd. frs. gehen 2 Mrd. frs. für die Lieferung von Gebrauchsgegenständen an die Handwerker und Händler (II).
3. Die Grundherren (III) erhalten 3 Mrd. frs. in der Form des Pachtzinses. Sie (III) kaufen wiederum bei den Unternehmern (II) für 1 Mrd. frs. Gebrauchsgegenstände.
4. Die Unternehmer (II) kaufen für insgesamt 3 Mrd. frs. und die Grundherren (III) für 2 Mrd. frs. Lebensmittel bei den Bauern (I), so daß, unter Berücksichtigung des Eigenbedarfs, der Kreislauf geschlossen ist.

Diese Betrachtungsweise ist jedoch statisch, da alle Größen auf denselben Zeitabschnitt bezogen sind und weil die Verteilung und die Höhe des Sozialproduktes unverändert bleiben.

1.3.3. Die englische Klassik (der Liberalismus)

Die individualistischen Ansatzpunkte der physiokratischen Lehre fielen besonders in England auf fruchtbaren Boden. Damals beherrschte die Geister die Lehre *Isaac Newtons* vom Lauf der Gestirne, die durch Abstoßung und Anziehung sich im ewigen Gleichgewicht hielten und in wunderbarer Harmonie ihre Bahn zogen. Diese Gedanken übertrug man auf die menschliche Gesellschaft und verband sie mit der metaphysischen *Vorstellung von der prästabilierten Harmonie*, wonach es auch für die menschliche Gesellschaft – wie für den gestirnten Himmel – eine von Gott gewollte Ordnung gäbe, bei deren ungehindertem Walten das Höchstmaß von Glück und Wohlbefinden für die Einzelnen wie für die Gesamtheit sich ergeben würde.

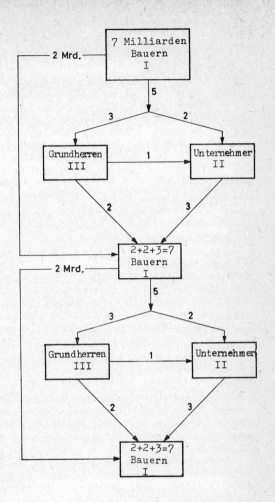

Abb. 1.1 Tableau économique

Die philosophische Grundlage der ökonomischen Theorie bildet der *Utilitarismus*, d. h. die Anschauung, daß das Ziel des Lebens in möglichst vielen eigenen Vorteilen zu suchen sei. Aus der Summe der Einzelvorteile ergäbe sich der Vorteil des gesamten Volkes. Wenn jeder seinem Eigennutzen nachgehe, werde er von selbst zum wirtschaftlichen Besten der gesamten Gesellschaft seinen Beitrag leisten.

1.3.3.1. Adam Smith (Preisbildung)

Aus den o. a. Gedanken führt ein direkter Weg zu den englischen Klassikern der Nationalökonomie, *Smith, Ricardo* und *Malthus*.

Adam Smith stellt fest, daß der Reichtum eines Volkes nicht aus der Geldmenge (Merkantilismus) oder aus den landwirtschaftlichen Bodenkräften (Physiokraten) bestehe, sondern einzig und allein aus der menschlichen Arbeit. Dieses sei der Fonds, mit dem ein Volk seine benötigten Güter produzieren könne, bzw. die Güter kaufen könne, die ein anderes Volk erzeugt. *Smith* versteht unter Arbeit jede Leistung, die Tauschwerte schafft, die auf dem Markt abgesetzt werden können, d. h. einen Preis erzielen. Die *Produktivität der Arbeit* hängt jedoch insbesondere von der *Arbeitsteilung* ab.

Er führt das berühmte *Stecknadelbeispiel* an: Ein Arbeiter allein kann täglich vier Stecknadeln herstellen, wenn er alle Arbeitsvorgänge selbst verrichten muß. Dagegen schaffen zehn Arbeiter an einem Tag 48 000 Nadeln, wenn sich jeder auf einen Arbeitsgang spezialisiert.

Der Preis ist nach Adam Smith der Tauschwert einer Ware. Er unterscheidet dabei den *natürlichen Preis*, der durch die Arbeitskosten der darin enthaltenen Arbeitszeit bestimmt wurde (Arbeitswerttheorie) und den *Marktpreis*. Der Marktpreis setzt sich aus den Arbeitskosten, der darin enthaltenen Arbeitszeit (Lohn), dem Anteil des Kapitals und den Aufwendungen des Produktionsfaktors Boden zusammen. Der Hauptgedanke im System von Adam Smith ist der, daß die Gesetzmäßigkeiten, die für die Bildung des Preises entscheidend sind, auch für den Verteilungsprozeß (Distribution) gültig sind. So erhält man für den Faktor Arbeit Lohn und Gehalt, für den Faktor Boden die Grundrente und für den Faktor Kapital den Zins und den Unternehmergewinn.

1.3.3.2. David Ricardo (Arbeitswertlehre)

Ricardo geht von der Vorstellung aus, daß sich die Menschen wirtschaftlich verhalten, daß sie mit dem geringstmöglichen Aufwand den größtmöglichen *Erfolg* anstreben. Man sagt auch, er gehe von der Fiktion des *„homo oeconomicus"* aus. Im Gegensatz zur historischen Schule *(List, Hildebrand, Bücher* und *Schmoller)* läßt er individuelle Einflüsse außer Betracht, um allgemeine Zusammenhänge besser erkennen zu können. Dabei unterstellt er scharfen Wettbewerb auf den Märkten.

Der *Preis* einer Ware ist nach Ricardo ihr *Tauschwert in Geld* ausgedrückt. Auch *Ricardo* unterscheidet zwischen dem natürlichen Preis, der dem Tauschwert entspricht und dem Marktpreis, der jedoch vom natürlichen Preis abweichen kann, denn der Marktpreis wird von Angebot und Nachfrage bestimmt. Der Marktpreis hat jedoch die Tendenz, um den natürlichen Preis zu *oszillieren* (schwanken). So hat der freie Wettbewerb nach Ricardo die Aufgabe, den Marktpreis an den natürlichen Preis heranzubringen. Dabei liegt die unterste Grenze des natürlichen Preises in den Reproduktionskosten der Arbeit, d. h. im *Existenzminimum* des Arbeitskräfteangebots

Das vorhandene Kapital soll stets die günstigste Verwendung finden. Steigen die *Profite* auf Grund gestiegener Preise, dann wird das Kapital dorthin wandern, wo es die größten Gewinne erzielen wird. Da jetzt das Kapitalangebot aber steigt, sinken die Profite, ihr Wachstum wird zumindest gebremst. Aufbauend auf *Ricardo* kommt Karl *Marx* später zum Gesetz der tendenziell fallenden Profitrate, wie überhaupt das ökonomische System von *Karl Marx* auf den ökonomischen Erkenntnissen Ricardos dialektisch aufbaut.

1.3.3.3. Malthus, Mill und Say

Thomas Robert *Malthus* versucht die wirtschaftliche Entwicklung der Menschheit in der *Zukunft* darzustellen, dabei kommt er im Jahre 1789 zu ausgesprochen negativen Erkenntnissen. Auf Grund des Gesetzes vom abnehmenden Bodenertragszuwachs, das bereits Ricardo erkannte, kommt er zu dem Ergebnis, daß der *Lebensmittelspielraum* immer kleiner wird. Das Angebot an Lebensmitteln läßt sich nur im Verhältnis einer einfachen *arithmetischen Reihe* steigern, die *Bevölkerung* wird sich jedoch im Verhältnis einer einfachen *geometrischen Reihe* vermehren, wenn keine hemmenden Faktoren auftreten.

Anders ausgedrückt heißt das, daß sich die Bevölkerung der Erde alle 25 Jahre verdoppeln wird. Dies führt zu katastrophalen Zuständen, da das Sozialprodukt je Kopf immer mehr absinken könnte. Wenn wir heute an die Situation einiger Entwicklungsländer denken, ist das Bild, das Malthus zeichnet, keineswegs mehr utopisch. Die jüngsten Untersuchungen der *UNO* geben *Malthus* sogar recht, wenn man Länder wie Ägypten, Indien oder lateinamerikanische Staaten betrachtet, denn das wachsende Sozialprodukt wird durch die *Bevölkerungsexplosion* aufgezehrt.

Malthus glaubt, daß der natürlichen Bevölkerungsvermehrung eine Grenze gezogen werden muß. Es wirken zwar schon *repressive Faktoren* wie Kriege, Hungersnöte und Seuchen in diese Richtung. Aber das genügt nicht, deshalb empfiehlt Malthus *präventive Faktoren* wie z. B. moralische Enthaltsamkeit, Heirat in höherem Alter, ganz allgemein die Geburtenverhinderung. Wir würden heute sagen, er spricht sich für die Familienplanung aus, die in den Entwicklungsländern oft noch in den Anfängen steckt.

John Stuart *Mill* gibt in seinen Grundsätzen der politischen Ökonomie eine Zusammenfassung der klassischen Lehre.

Jean Baptiste *Say* hat die englischen Klassiker auf dem Kontinent populär gemacht und durch seine güterwirtschaftliche Theorie der Absatzwege die Konjunkturtheorie angeregt.

Die englischen Klassiker können als Gründer moderner Wirtschaftspolitik bezeichnet werden, denn sowohl die marxistische Richtung als auch die Neoklassiker *(Samuelson)* und die Ordoliberalen führen ihre Thesen auf die englischen Klassiker zurück.

1.3.4. Der Marxismus als Wirtschaftslehre

Karl *Marx* und Friedrich *Engels* sind die Begründer des *Marxismus* oder, wie er auch bezeichnet wird, des wissenschaftlichen Sozialismus. Im Gegensatz zu den Darstellungen der utopischen Romanciers, Kolonisatoren und Nationalökonomen bildet der wissenschaftliche Sozialismus ein geschlossenes System natur- und geschichtsphilosophischer, national-ökonomischer und politisch-soziologischer Theorien. Wir wollen uns mit dem Marxismus als Wirtschaftslehre beschäftigen, wobei natürlich nur einige Aspekte erörtert werden können[1]).

1.3.4.1. Historische Grundlagen

Marx und *Engels* stützen sich bei der Entwicklung des dialektischen Materialismus *(DIAMAT)* auf die dialektische Methode *Hegels,* die materialistische Philosophie Feuerbachs und die ökonomischen Lehren der *Physiokraten* und *Klassiker.* Bei Marx ist es nicht wie bei Hegel der göttliche Geist, der sich im Nacheinander von Thesis und Antithesis in der Geschichte entfaltet. Der Gegensatz entsteht durch die wirtschaftlichen Lebensverhältnisse, die die Menschen in sich bekämpfende *Klassen* scheiden. *Marx* steht auch völlig im Bann der auf das Diesseits gerichteten Weltanschauung Feuerbachs, die das Glück der Menschheit nicht im besseren Jenseits sucht, die deshalb die Religion entbehren kann.

Die ökonomischen Lehren der Physiokraten und Klassiker hat Karl Marx im Sinne des *DIAMAT* ausgebaut und verfeinert. Seine besondere Aufmerksamkeit widmete er der kreislauftheoretischen Konzeption von *Quesnay* und der Arbeitswertlehre *Ricardos.*

Ricardos notwendige Arbeitszeit ist eine relative Größe, während die gesellschaftlich notwendige Arbeitszeit bei Karl Marx eine absolute Größe darstellt. Es geht nicht um das ökonomische Problem, sondern um die erkenntnistheoretische Position, die Marx von Ricardo trennt, da letzterer dem DIAMAT nicht huldigt.

In bezug auf die Verdienste der Klassiker stellt Karl Marx fest, daß sie durch die Schaffung einer Nomenklatur und durch Systematisierung die ökonomischen Erscheinungen auf eine innere Einheit zurückführen[2]).

1.3.4.2. Die Entwicklungsgesetze

Die dialektische Methode von *Karl Marx* ist nicht nur verschieden von der *Hegel*schen, sondern ihr gerades Gegenteil[3]). Daher kommt *Marx* zu dem Ergebnis: „Es ist nicht das Bewußtsein der Menschen, das ihr Sein, sondern umgekehrt ist es ihr gesellschaftliches Sein, das ihr Bewußtsein bestimmt[4])." Ein grundlegender Widerspruch besteht im Kapitalismus zwischen der gesellschaftlichen Produktion und der individuellen Aneignung der Produkte. Dieser und andere Widersprüche der kapitalistischen Produktionsweise drängen das inter-

---

[1]) Schindler, W.-D., Der ökonomische Imperialismusbegriff des Marxismus-Leninismus in kritischer Darstellung, Dissertation, Teil I, S. 1–94, Wien 1962 (maschinenschriftlich).
[2]) Marx, K., Das Elend der Philosophie, Dietz-Verlag, Berlin 1952, S. 142.
[3]) Marx, K., Kapital, Bd. I, Vorwort zur englischen Ausgabe. 7. Auflage, Berlin 1928, S. 18.
[4]) Marx, K., Kapital, Bd. I, Dietz-Verlag, Berlin 1958, S. 7.

nationale Proletariat auf den Weg der Revolution und der Umwandlung der Gesellschaft in eine klassenlose, in welcher der Staat aufgehoben ist. Die Geschichte aller bisherigen Gesellschaften ist daher die Geschichte vom Klassenkampf. Die zukünftige Gesellschaft wird eine sozialistische sein, eine Gesellschaft, in der es keine Klassen mehr gibt, und, was noch wichtiger ist, in der der Staat aufgehoben wird.

1.3.4.3. Die ökonomischen Grundgesetze

Wenn wir eine Ware abstrakt betrachten, dann wird sie mit einer anderen Ware allein durch die in ihr enthaltene menschliche Arbeit, deren Maßstab die Zeit ist, vergleichbar. Der Wert der Ware wird nach *Marx* durch die „*gesellschaftlich notwendige Arbeitszeit*" gebildet, die ein Durchschnittsarbeiter zur Herstellung eines Gutes unter Berücksichtigung des Standes der Technik und der Produktionsmittel aufwenden muß.

Da die Arbeiter keine Produktionsmittel besitzen, sind sie gezwungen, ihre Arbeitskraft an die Kapitalisten zu verkaufen. Der Unternehmer besitzt jedoch ein Produktionsmonopol, das es ihm ermöglicht, dem Arbeiter nur den Wert der Reproduktion der Arbeitskraft (das *Existenzminimum*) zu zahlen. Der Arbeiter ist jedoch gezwungen, dem Wert nach mehr Arbeit auf das Produkt zu übertragen, als er Lohn erhält. Wir sprechen hier von der *Marxschen Arbeitswertlehre*. Der Arbeiter erzeugt den *Mehrwert*, um den er vom Kapitalisten ausgebeutet wird. Es handelt sich hier um einen *absoluten Mehrwert*. Durch die Steigerung der Produktivität der Arbeit (Maschinen) kann noch ein *relativer Mehrwert* erzeugt werden, der auch dem Kapitalisten zufällt.

Das variable Kapital bildet zwar Mehrwert, die *Profitrate* bildet aber den Mehrwert bezogen auf das Gesamtkapital. Deshalb wird bei steigendem Anteil des konstanten Kapitals die Masse des Mehrwertes auf beiden Seiten zwar absolut wachsen, der Profit aber wird relativ fallen. Es ergibt sich also bei der Annahme eines unveränderten Ausbeutungsgrades des Kapitals ein *tendenzieller Fall der Profitrate*. Über die Profitrate kommt *Marx* zu seinen Bewegungsgesetzen.

1.3.4.4. Die ökonomischen Bewegungsgesetze

Das Entstehen einer *klassenlosen Gesellschaft* wird von *Karl Marx* mit ökonomischen Argumenten begründet. Er entwickelt die vier sogenannten Bewegungsgesetze, die Konzentrations-, Akkumulations-, Verelendungs- und Krisentheorie.

Die *Konzentrationsthese* besagt, daß die Produktion in den Händen einiger weniger Kapitalisten konzentriert wird, da durch die ruinöse Konkurrenz die Klein- und Mittelbetriebe ausgeschaltet werden. Das Ausscheiden schwächerer Betriebe hat zur Folge, daß die Arbeitslosenzahl steigt, die Löhne sinken, aber die Profitrate wieder angehoben wird. Es entsteht eine industrielle Reservearmee. Die Einkommen akkumulieren sich in den Händen weniger Kapitalisten, während das Proletariat immer mehr verarmt. Dies führt in immer engeren Kreisen zum absoluten und allgemeinen Gesetz der kapitalistischen *Akkumulation*[5]).

Die *Verelendungstheorie* besagt, daß die große Zahl der Arbeitslosen stets eine industrielle Reservearmee bildet, oder moderner ausgedrückt, daß der Lohnanteil der arbeitenden Klasse am Sozialprodukt zwar absolut größer wird, relativ aber sinkt, da die Kapitalistenanteile überproportional anwachsen.

Die *Zusammenbruchs- und Krisentheorie* stützen sich im wesentlichen auf zwei miteinander in Verbindung stehende Konstruktionen. Erstens auf die nichtmonetäre Überinvestitionstheorie; hier kommt es, infolge der Diskrepanz zwischen Investitions- und Konsumgütern zu einer Absatzkrise und zweitens auf jene der *tendenziell fallenden Profitrate*, wie sie dargestellt wurde. Beide beeinflussen sich wechselseitig.

Gemäß der nichtmonetären Überinvestitionstheorie tritt in der Prosperität ein Mangel an Komplementärfaktoren ein. Der Prozeß nimmt ungefähr folgenden Verlauf: Im Aufschwung wird akkumuliert, die Produktion wird progressiv ausgedehnt, das verfügbare Potential an Arbeitskräften wird aufgesogen, zunächst beim alten Lohnsatz.

Alsbald wird jedoch ein Zustand erreicht, den wir heute als den Zustand der Vollbeschäftigung kennzeichnen. Jetzt werden die Arbeitslöhne erhöht und die Rohstoffpreise ziehen an, was zur Folge hat, daß die Profitrate anfängt zu sinken. Die Expansion hört schlagartig auf. Es zeigt sich plötzlich eine Überproduktion von Produktivgütern, die bisher schon latent vorhanden war.

Parallel zu diesem Prozeß ereignet sich jedoch der tendenzielle Fall der Profitrate. Kommt es durch die Überproduktion zu einer Absatzkrise, so werden Arbeitskräfte freigesetzt, die Löhne sinken und die Profitrate erholt sich wieder. Dies alles vollzieht sich in zyklischer Form, deshalb spricht man von einer Periodizität der Krisen.

1.3.4.5. Zur Weiterentwicklung und Kritik des Marxismus als Wirtschaftslehre

Der Marxismus als Wirtschaftslehre wurde in zwei Richtungen weiterentwickelt, einmal die neomarxistische Richtung *(Hilferding, Sternberg, Luxemburg* u. a. m.), zum anderen die orthodox-marxistische Richtung, die durch Lenin geprägt wird. Über *Stalin* und *Chruschtschow* kommt es dann zum Konflikt Moskau-Peking. Hierbei stehen zwei Fragen im Vordergrund: 1. ist der Krieg vermeidbar? und 2. ist ein friedlicher Übergang vom Kapitalismus zum Sozialismus möglich? Die Chinesen gehen davon aus, daß der Krieg unvermeidbar und ein friedlicher Übergang nicht möglich sei. Heute zeigen sich in der Wirtschaftspolitik Jugoslawiens und Ungarns interessante wirtschaftliche Spielarten mit marktwirtschaftlichen Komponenten.

Der Marxismus bildet die Grundlage des Leninismus. Lenin baut die Phänomene des kolonialen Imperialismus *(Hobson)* und des Finanzkapitals *(Hilferding)* in die *Marx*sche Konzeption ein. Seine Imperialismustheorie mit der wir

---

[5]) Marx, K., Kapital Bd. I, 4. Auflage, Hamburg 1910, S. 581.

uns kurz beschäftigen wollen, stellt den bisher letzten Baustein im *Marx*schen ökonomischen System dar.

*Kade*⁶) glaubt, daß es eine neue marxistische politische Ökonomie geben wird. Bis jetzt handelt es sich aber um eine „Vulgärökonomie" mit anderen Vorzeichen.

Der *Imperialismus* ist seinem Wesen nach monopolistischer Kapitalismus, er stellt das letzte Stadium der kapitalistischen Produktionsweise dar. Die wichtigsten Merkmale zur Kennzeichnung des Imperialismus sind⁷):

1. Eine verstärkte Konzentration der Produktion und die zunehmende Akkumulation des Kapitals erreichen einen solch' hohen Entwicklungsgrad, daß *Monopole* entstehen, die im Wirtschaftsleben die entscheidende Rolle spielen. Es entstehen die monopolistischen Verbände, die Kartelle, Trusts, Syndikate und Konzerne.
2. Es erfolgt eine Verschmelzung des Industrie- und des Bankkapitals, und es kommt auf dieser Basis zur Bildung des sog. *Finanzkapitals*. Es entsteht eine Finanzoligarchie.
3. Dem Export von Kapital kommt eine höhere Bedeutung zu als dem Export von Waren.
4. Es bilden sich internationale monopolistische Kapitalistenverbände, die die Welt unter sich aufteilen.
5. Danach steht man im Kampf um die Neuaufteilung der Erde, der unvermeidlich imperialistische Weltkriege hervorbringt und zum völligen *Zusammenbruch des Imperialismus* führt.

Eine umfassende Kritik des Marxismus-Leninismus als Wirtschaftslehre ist an dieser Stelle nicht möglich, es können daher nur einige wenige Aspekte erörtert werden⁸).

Innerhalb einer Kritik am Marxismus-Leninismus aus ökonomischer Sicht kann man kein summarisches Urteil abgeben. Es werden deshalb einige Aussagen herausgegriffen, soweit wir sie zuvor erörtert haben.

Innerhalb des *DIAMAT* spielt die Vorstellung einer zwangsweisen oder zwangsläufigen Entwicklung eine große Rolle. Dieser Gedanke stellt eine freiheitliche Ordnung überhaupt in Frage und hat mythologischen Charakter. Viele Thesen sind daher einer ökonomischen Kritik nicht zugänglich, denn es handelt sich hier letztlich um theologische Fragen.

Das Mehrwertgesetz als Grundgesetz der kapitalistischen Produktionsweise, die Verelendungs- und Klassenkampftheorie sind uns heute – in ihrer extremen Form – nur noch unter Berücksichtigung des historischen Milieus ver-

---

⁶) Kade, G., Politische Ökonomie, Die Marxsche Methode im Nachvollzug, in: Wirtschaftswoche Nr. 26, Heft 26, v. 25. 6. 71, S. 43–46.

⁷) Lenin, W. I., Der Imperialismus als jüngste Etappe des Kapitalismus, Hamburg 1921, S. 12. Ebenso in: Werke, Bd. I, 5, Berlin 1951, S. 709 ff. und in Bücherei des Marxismus-Leninismus, Bd. 14, Berlin 1951.

⁸) Schindler, W.-D., Dissertation a. a. O., S. 95–161. (Ausführliche Kritik am ökonomischen System des Marxismus-Leninismus.)

ständlich. Es ist jedoch kein Zufall, daß *Karl Marx* die weitere Entwicklung der Gesellschaft so zu deuten vermochte, wenn man die Verhältnisse berücksichtigt, die damals in England herrschten. Die Klassenkampfthese wird heute nur noch von einer Reihe „kritischer Politologen und Soziologen" vertreten. Hinter der von *Marx* konstruierten Dichotomie (Spaltung), die sich auf den Gegensatz von Besitz und Nichtbesitz gründet, verbirgt sich eine weitere m. E. grundlegendere Dichotomie, die an dem Gegensatz von körperlicher und geistiger Arbeit orientiert ist[9]). Aber auch diese Konstruktion scheint immer fragwürdiger zu werden, da eine immer stärker werdende Entfernung des Menschen vom unmittelbaren Produktionsvorgang festgestellt werden kann[10]).

Daß der fortschreitende Kapitalismus nicht zu einer Verelendung der breiten Massen führt, geht schon aus dem Briefwechsel *Marx–Engels* hervor; Lenin spricht hier von der englischen Arbeiteraristokratie, die durch hohe Löhne bestochen wird[11]).

Die Profitrate ist eine mysteriöse Erscheinung. Sie stellt ein Produkt systemeigener Prämissen dar, denn nehmen wir die organische Zusammensetzung des Kapitals und die Mehrwertrate als variabel an, so wird die Richtung, in der sich die Profitrate verändert zumindest unbestimmt. Die Diskussion dieses Gesetzes nimmt in der Literatur einen breiten Raum ein[12]).

Die nichtmonetäre zyklische *Krisentheorie* von *Karl Marx*, die am Anfang der modernen Krisen- und Konjunkturforschung steht, kann nur gewürdigt werden.

Was das Konzentrationsgesetz von Karl Marx betrifft, können wir feststellen, daß der Konzentrationsprozeß weitergelaufen ist, wenn auch nicht zwangsläufig und in dem Maße, als es vor allem Lenin darstellt.

Die Akkumulation des Kapitals in den Händen einiger weniger trifft z. B. in der Bundesrepublik nur für die Produktionsmittel, jedoch nicht für das Sachkapital zu, das breit gestreut ist.

Die Krisen- und Zusammenbruchstheorie haben einen stark esschatologischen Charakter. Sie bauen beide auf der zweifelhaften Mehrwertlehre auf. Derar-

---

[9]) Popitz, H., Zum Begriff der Klassengesellschaft, in: Hamburger Jahrbücher für Wirtschafts- u. Gesellschaftspolitik, Hamburg 1958, S. 97.

[10]) ebenda: S. 101.

[11]) Marx–Engels, Ausgewählte Schriften in 2 Bänden, Briefwechsel, Bd. II, Berlin 1949, S. 421. Ebenso: Briefe und Auszüge aus Briefen an F. A. Sorge u. a., Stuttgart 1923, S. 62.

[12]) Theimer, W., Der Marxismus. Lehre, Wirkung, Kritik, 2. Auflage, Bern 1957, S. 116.
Sweezy, P. M., Theorie der kapitalistischen Entwicklung, Köln 1959, S. 82.
Lange, M. G., Die ökonomische Lehre des Stalinismus, in: Wissenschaft im totalitären Staat, Berlin 1955, S. 219.
Kei Shibata, On the Law of Decline in the Rate of Profit, in: Kyoto University Review, Kyoto 1934, S. 28 ff.
Neisser, H., Das Gesetz der fallenden Profitrate als Krisen- und Zusammenbruchsgesetz, in: Die neue Gesellschaft, Jan. 1931, S. 280 ff.
Völk, H., Zur Umkehrung der fallenden Profitrate, in: Schweizerische Zeitschrift f. Volkswirtschaft u. Statistik, 86. Jgg., Bern 1932, S. 43 ff.

tige Krisen, die nachfragebedingt sind, können in den sozialistischen Ländern nur bedingt auftreten, da die Konsumwahl nicht frei ist.

Dem Imperialismusbegriff des Marxismus-Leninismus als These muß man den Sowjetimperialismus als Antithese gegenüberstellen. Hier genügt ein Blick auf die Landkarte, um zu erkennen, welche praktischen Auswirkungen der ideologische Imperialismusbegriff gehabt hat.

Kennzeichnend für den Sowjetimperialismus ist die Klassenspaltung[13] denn Monopolkapitalist ist einzig und allein der Staat und damit die Partei. Bei der Erscheinung der Weltrevolution haben wir es mit einer neuen verhüllten Form des Imperialismus zu tun. Politisch gesehen ist die kollektivistisch-volksdemokratische Ordnung imperialistisch, da sie gewaltsam geschaffen wurde und auf Gewalt beruht.

Die These von der Konfliktlosigkeit des sozialistischen Lagers wurde durch die ideologischen Differenzen zwischen Moskau und Peking erschüttert. Durch das offene Eingeständnis des Konfliktes wird im Grunde genommen die leninsche Imperialismusbegründung ad absurdum geführt.

Die ideologische Auseinandersetzung mit dem Marxismus-Leninismus ist im Atomzeitalter letztlich nicht auf ökonomischer oder militärischer Ebene lösbar, es handelt sich vielmehr um eine geistige Aufgabe, der wir nur dann gewachsen sind, wenn wir uns mit den ökonomischen Fragen des Marxismus-Leninismus vertraut machen.

Auf den Gedanken von *Ricardo* aufbauend, stellt *Karl Marx* seine marxistische Wirtschaftslehre auf. – Die Vertreter der Wiener Schule (*Menger, Wieser, Schumpeter* u. a. m.) und deren Nachfolger stellen vor allem die Bedeutung des Grenznutzens heraus.

Die Cambridge Schule versucht, die Lehren der Klassiker und der Wiener Schule zu verbinden (*Marshall, Pigou* und *Edgeworth*). Für die moderne Richtung der Volkswirtschaftslehre sind der Keynesianismus (*J. M. Keynes* 1883 bis 1946) und der Neoliberalismus von Bedeutung (in Deutschland auch Freiburger Schule genannt).

Dieser Auszug aus der Wirtschaftsgeschichte kann nur bruchstückhaft sein. Es sollten hier nur einige Entwicklungstendenzen dargestellt werden.

---

[13] Djilas, Milovan, Die neue Klasse, München 1957, S. 1 ff.

2. Die Produktion und die Produktionsfaktoren
2.1. Die Bedeutung der Produktionsfaktoren

2.1.1. Boden

Unter *Produktion* verstehen wir die Bereitstellung von Gütern und Dienstleistungen für den Konsum. Die Produktion hat somit die Aufgabe, alle Vorkehrungen zu treffen, die notwendig sind, um eine Sache konsumreif zu machen. Der gesamte Güterstrom befindet sich ständig auf dem Wege zur Konsumreife. Die *Physiokraten* kennen nur den Produktionsfaktor Boden. *Marx* führt die Produktionsfaktoren ausschließlich auf die menschliche Arbeitskraft zurück. Im allgemeinen unterscheidet man jedoch zwischen drei *Produktionsfaktoren:* Boden, Arbeit und Kapital.

Der Boden dient einmal der Landwirtschaft und der Industrie als Standortboden, zum anderen ist er Wirtschaftsfaktor als Abbau- und Anbauboden.

Untersuchen wir zunächst den Boden als Standort für die Landwirtschaft. *J. H. von Thünen* stellt fest (Methode der Isolation), daß bei Annahme des Modells einer isolierten Stadt die jeweiligen Anbaugebiete für bestimmte Güterarten ringförmig um die Stadt gelagert sind, da die Transportkosten den Preis beeinflussen und Veredelungsprodukte schnell transportiert werden müssen. Diese Aussage gilt heute nur noch bedingt, weil die Konservierungs- und die Kühltechnik längere Transportwege erlauben.

Alfred Weber entwickelt die *industrielle Standortlehre*. Er unterscheidet zwischen transport- und arbeitsintensiver Standortwahl. – Bei Gewichtsverlustmaterial (z. B. Kohle) wird die verarbeitende Industrie ihren Standort beim Rohstoff wählen (Ruhrgebiet). Die Arbeitsorientierung ist hinsichtlich des unterschiedlichen Facharbeiterbestandes möglich. – Heute kommt jedoch dem Absatz der Produkte steigende Bedeutung zu, so daß die betriebliche Standortwahl vielfach unter diesem Gesichtspunkt erfolgt.

Der Boden als Wirtschaftsfaktor ist Abbauboden und Anbauboden. Bodenschätze wie: Eisenerze, Kohle und Erdöl sind nur in begrenzten Mengen vorhanden. Ihr Abbau unterliegt dem Gesetz vom abnehmenden Ertragszuwachs, kurz dem Ertragsgesetz.

Der Boden als Anbauboden ist der bedeutendste Wirtschaftsfaktor für die Landwirtschaft. Bereits der Physiokrat *Turgot* erkannte das *Gesetz vom abnehmenden Bodenertrag*.

Das Ertragsgesetz gilt jedoch generell auch in der Industrie, da hier der Umkehrung des Ertragsgesetzes, den Kostengesetzen, große Bedeutung zukommt (Spiegelung des Ertragsverlaufs).

Die Ursache des Ertragsgesetzes in der Landwirtschaft ist zunächst in der beschränkten Nutzbarkeit des Bodens zu suchen. Der Boden stellt somit einen konstanten Faktor dar. Der Einsatz der menschlichen Arbeit ist variierbar. Um die Wirkung des Ertragsgesetzes besser herausstellen zu können, nehmen wir an, daß auch die landwirtschaftliche Anbautechnik (Kapitaleinsatz) konstant sei (Isolation).

Unter diesen Annahmen können wir allgemein feststellen, daß sich bei Unveränderlichkeit mehrerer Faktoren für den variierbaren Faktor zunächst steigende und von einem bestimmten Punkt an sinkende Ertragszuwächse ergeben. (In dieser Formulierung gilt das Ertragsgesetz auch in der Industrie.) Den Nachweis für die Gültigkeit des Ertragsgesetzes wollen wir an Hand eines Beispiels erbringen, das wir auch graphisch darstellen.

Begriffserklärungen: Unter *Gesamtertrag* verstehen wir den Ertrag einer Rechenperiode, unter *Grenzertrag* den Ertragszuwachs, der bei Einsatz einer weiteren Produktionsmitteleinheit eintritt und unter *Durchschnittsertrag* den Ertrag, den wir erhalten, wenn wir den Gesamtertrag durch die variierbaren Produktionsmitteleinheiten teilen.

Beispiel 1: Ertragsverlauf

variierbare Produktionsmitteleinheiten (Arbeitstage)	Gesamtertrag in 50 kg	Grenzertrag in 50 kg	Durchschnittsertrag in 50 kg
1	2	2	2
2	5	3	2,5
3	9	4	3
4	15	6	~ 3,7
5	20	5	4
6	24	4	4
7	27	3	~ 3,9
8	29	2	~ 3,6

Am Rechenbeispiel und an der graphischen Darstellung erkennen wir, daß der Grenzertrag bei vier Arbeitstagen mit 6 seinen Höhepunkt erreicht. In der graphischen Darstellung nennen wir diesen Punkt P_1, er kennzeichnet die *Schwelle des Ertragsgesetzes* (Abb. 2.1).

Die Durchschnittserträge steigen noch bis zum sechsten Tag weiter und erreichen Wert 4 beim Grenz- und Durchschnittsertrag. In der graphischen Darstellung ist im Punkt P_2 das *Maximum der Durchschnittsertragskurve* erreicht. Von diesem Punkt an sinken auch die Durchschnittserträge.

Das Ertragsgesetz gilt auch in der Industrie, wenn z. B. der Boden und die Maschinen (Kapital) konstant sind und die Arbeit variiert wird. Bleibt jedoch nur ein Faktor konstant, so entsteht das Zurechnungsproblem. Außerdem müssen die Produktionsfaktoren sich teilweise gegenseitig ersetzen können (periphere Substitution).

Die Gültigkeit des Ertragsgesetzes für die Industrie ist insoweit umstritten[14]), als die Produktionsfaktoren auf lange Sicht (in the long run) nicht konstant sind und die periphere Substitution oft nicht möglich ist. Gegen die rein güterwirtschaftliche Fassung ist jedoch nichts einzuwenden.

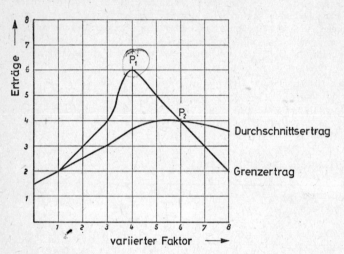

Abb. 2.1   Ertragsverlauf

2.1.2. Arbeit

Arbeit ist zweckbestimmte menschliche Tätigkeit. Die Vertreter der Arbeitswertlehre *Ricardo* und *Marx* führen alle Produktionsfaktoren auf den Faktor Arbeit zurück. Wenn wir ein Produkt für sich betrachten, dann ist es allein durch die in ihm enthaltene menschliche Arbeit, deren Maßstab die Zeit ist, mit einem anderen Produkt vergleichbar. Der Wert eines Produktes wird somit bei *Marx* durch die gesellschaftlich notwendige Arbeitszeit gebildet, die ein Durchschnittsarbeiter zur Herstellung eines Gutes unter Berücksichtigung des Standes der Technik und der Produktionsmittel aufwenden muß. So kommt *Marx* zu dem Ergebnis, daß die Arbeit der einzige Produktionsfaktor sei.

Wir haben diese These nur angeführt, um die Dynamik des Produktionsfaktors Arbeit anzudeuten. Das Hauptproblem liegt jedoch darin, die *Produktivität* (Wirkungsgrad) der Arbeit zu steigern. Darauf hat bereits *Adam Smith* hingewiesen. Die Erscheinung der wirtschaftlichen Rollenverteilung innerhalb

---

[14]) Gutenberg, Produktion, 2. Auflage, 1955, S. 214.

der Produktion nennen wir *Arbeitsteilung*. Hierbei sind die berufliche und die technische Arbeitsteilung zu unterscheiden. Bei der beruflichen Arbeitsteilung erfolgt eine Spezialisierung der Berufe, bei der technischen Arbeitsteilung steht die Arbeitszerlegung, die Auflösung des Arbeitsprozesses in einzelne technische Verrichtungen im Vordergrund.

Auf der zunehmenden Mechanisierung und Automatisierung des Produktionsprozesses beruht der gesamte Aufbau unserer Gesellschaftsordnung. Die Vorteile der Arbeitsteilung zeigen sich in der Steigerung des Arbeitserfolgs und der Vermeidung von Leerlauf. Die Eintönigkeit (Monotonie) der Arbeit führt jedoch zu einer starken physischen und psychischen Belastung des Menschen, die es zu vermindern gilt.

Neben dieser beruflichen und technischen Arbeitsteilung steht die *internationale Arbeitsteilung*. Sie ist auf *Ricardo* zurückzuführen, der verlangt, daß sich jedes Land auf die Produktion beschränkt, für die es die absolut günstigsten Bedingungen aufweist. – Der internationalen Arbeitsteilung kommt innerhalb der Wirtschaftsblöcke wieder steigende Bedeutung zu (EWG – Comecon – EFTA)

2.1.3. Kapital

Unter *Kapitel* im weitesten Sinne verstehen wir die produzierten Produktionsmittel. Im Gegensatz zu Boden und Arbeit, die wir als originäre Faktoren bezeichneten, sprechen wir hier vom abgeleiteten oder derivativen Produktionsfaktor.

Da wir die geldliche (monetäre) Betrachtung erst später einschalten, untersuchen wir den Kapitalbegriff zunächst nur rein güterwirtschaftlich.

Warum brauchen wir Kapital? Diese Frage ist leicht zu beantworten, denn die Bedeutung des Produktionskapitals liegt darin, daß es das Einschlagen von *Produktionsumwegen* möglich macht. Diese Produktionsumwege bringen einen höheren Ertrag als die Produktion ohne Kapital. So ist zum Beispiel das manuelle Weben ohne Einschlagen von Produktionsumwegen möglich, soll jedoch maschinell gewebt werden, so sind die Umwege bis zum Fertigprodukt weitläufig, sie sind um so länger, je weiter die Produktionstechnik entwickelt ist. Der Ausstoß (output) des maschinellen Webens ist jedoch ein Vielfaches der manuellen Erzeugung.

Das Einschlagen der Produktionsumwege setzt jedoch zunächst Konsumverzicht zur Bildung von Kapital voraus, d. h. eine Vertagung des Konsums, da auf den Ertrag noch gewartet werden muß. Aber der Zustand des Wartenmüssens ist noch keine Kapitalbildung, sie tritt erst dann ein, wenn die eingesetzten Produktionskräfte einen Ertrag abwerfen. Dem positiven Mehrertrag in der Zukunft steht somit ein negativer Konsumverzicht in der Gegenwart gegenüber. Daher ist Kapital ein knappes Gut, denn man kann nicht unbegrenzt auf den gegenwärtigen Konsum verzichten.

Jede Kapitalbildung setzt sich somit aus einem Sparakt und einem Produktionsakt zusammen. In der güterwirtschaftlichen Analyse muß der Konsumverzicht (Sparakt) dem Produktionsakt vorausgehen. Die moderne Geldverfassung erlaubt es jedoch, diese beiden Akte sinnvoll zu verbinden. Die Wirkung von Sparen (S) und Investieren (I) wird noch besonders unter dem Abschnitt Geldlehre dargestellt. Bisher haben wir die einzelnen Produktionsfaktoren mehr oder weniger isoliert betrachtet. Im nachfolgenden Abschnitt wollen wir das mikroökonomische Zusammenwirken der Produktionsfaktoren in den Betrieben (Angebotsseite) darstellen.

2.1.4. Der vierte Produktionsfaktor (Bildung)

Bereits *Adam Smith* hat sich 1776 in seinem Werk über den Reichtum der Nationen mit den Ursachen des wirtschaftlichen Wachstums beschäftigt und die Produktivität der Arbeit als Ursache des wirtschaftlichen Wachstums ermittelt.

Basis für die Produktivsteigerung aber ist das Bildungs- und Ausbildungssystem eines jeden Landes. So glaubt *Denison,* daß der Fortschritt in der Ausbildung zukünftig die Grundlage der wirtschaftlichen Entwicklung bilden wird. Der ständige wirtschaftliche und gesellschaftliche Wandel verlangt jedoch auch eine permanente Weiterbildung aller Arbeitnehmer, eine fortschreitende Erweiterung des Wissens.

Poignant und *Mehnert*[15]) zeigen, daß die europäischen Länder, vor allem auch die Bundesrepublik Deutschland, bisher nicht nur zu wenig in die Bildung und Weiterbildung investiert haben, unzureichend ist ebenso die Organisation des Bildungssystems. Das öffentliche Bewußtsein hat noch nicht begriffen, daß das wirtschaftliche Potential eines Staates in der Zukunft vom Stand seines Bildungswesens abhängig ist.

In Anbetracht einer sich mehr und mehr verstärkenden Tendenz zur Anwendung des technischen Fortschritts erscheint es zweckmäßig, die wirtschaftliche Bedeutung der Bildung, auch als *„Bildungsökonomie"* bezeichnet, zu untersuchen. Dabei ist zu beachten, daß die Aufwendungen im Bildungssektor als Investitionen in die Zukunft angesehen werden müssen. Unter diesen Gesichtspunkten stellen Bildung und Ausbildung, ergänzt durch die Weiterbildung, den vierten Produktionsfaktor dar.

2.2. Das Zusammenwirken der Produktionsfaktoren

2.2.1. Leistungsstrom und Wertkreislauf im Betrieb

Wesentlichen Anteil an der Aufgabe des Wirtschaftens haben die Betriebe, denn ihre Funktion ist es, betriebliche Leistungen zu erstellen, die in ihrem Ergebnis Akte der Konsumnäherung darstellen.

Der *Betrieb* ist eine technisch organisierte Einheit, die dadurch entsteht, daß man Produktionsfaktoren kombiniert, um Produkte oder ganz allgemeine Lei-

---

[15]) Poignant, R., Das Bildungswesen in den Ländern der EWG, Braunschweig 1966
und
Mehnert, K., Der Deutsche Standort, Stuttgart 1967.

stungen zu erstellen. Die *Unternehmung* stellt den rechtlichen Rahmen des Betriebs dar. Die Leistungserstellung im Betrieb verursacht Kosten. Die Produkte werden am Markt angeboten und erzielen einen Preis. Der Vergleich zwischen den entstandenen Kosten und dem erzielten Preis zeigt, ob der Betrieb wirtschaftlich arbeitet. Das volkswirtschaftliche Gesamtangebot an Gütern setzt sich aus den Einzelangeboten der Betriebe zusammen, wenn man zur Vereinfachung vom Außenhandel absieht. Die Kombination der Produktionsfaktoren in den Betrieben unterliegt den Kostengesetzen, die jeder Betrieb zu beachten hat, wenn er sich am Markt halten will.

Wir haben bisher die Grundlagen des gesamtwirtschaftlichen (makroökonomischen) Kreislaufs herausgearbeitet. An dieser Stelle soll jedoch der Wertkreislauf und vor allem der Leistungsstrom eines Betriebes dargestellt werden (mikroökonomische Analyse).

Die Leistungserstellung im Betrieb löst Wertbewegungen aus (zu den Wertbegriffen wird noch ausführlich Stellung genommen). Die Unternehmung übernimmt aus einer Reihe von Vorstufen Mittel und formt oder gruppiert sie in Richtung auf die weiteren Zwecke der Wirtschaft um, gibt sie an die Nachstufen weiter.

Der stufenweise Fortgang des Reifeprozesses vollzieht sich in Richtung auf den Bedarf. Bei der Tätigkeit des Heranführens an die Konsumreife unterscheiden wir verschiedene Phasen im Leistungsstrom.

Im Strom der Leistung stehen die Güter und Anlagen, die direkt oder indirekt zur Erstellung der Leistung beitragen, die Roh-, Hilfs- und Betriebsstoffe, die Personalkosten usw. Im Strom der Gegenleistung stehen die Zahlungsmittel, die dem Leistungsablauf und der Übertragung (Transfer) der Gegenleistung dienen.

Durch das Herausarbeiten des Leistungsstroms stoßen wir auf den Umsatzbegriff. Dieser zerfällt in drei Phasen:

1. in den Strom zum Betrieb (Beschaffung),
2. in den Strom durch den Betrieb (Be- und Verarbeitung) und
3. in den Strom aus dem Betrieb (Absatz).

Die Gesamtheit der Phasen wird als Umsatz bezeichnet, der ein dreidimensionales Gebilde darstellt, denn der Strom wird durch seine Länge, Breite und Tiefe gekennzeichnet.

a) Die Länge wird gekennzeichnet durch die Strecke vom Beschaffungs- zum Absatzmarkt,
b) die Breite durch die Zahl und
c) die Tiefe durch den Wert der einströmenden Einheiten.

1. Der Strom zum Betrieb: Hier erfolgt die Beschaffung, unter der wir den Einsatz der Werte zur Leistungserstellung im Interesse des Umsatzes verstehen. Da die Beschaffung den anderen Phasen vorgelagert ist, hängt von ihrer Eignung die Kostensituation (Preise der Rohstoffe usw.) und damit die betriebliche Preispolitik ab.

2. **Der Strom durch den Betrieb:** Der innerbetriebliche Wertestrom wird durch die Lagerung, die Be- und Verarbeitung und durch die Arbeits- und Kapitalleistung gekennzeichnet. Vor allem bei der Be- und Verarbeitung tritt das Problem der verursachungsgerechten Zuordnung der entstehenden Gemeinkosten auf.

3. **Der Absatz** stellt den Strom aus dem Betrieb dar. Er ist gleichzeitig die letzte Phase des Umsatzes. Heute wird die Bedeutung des Absatzes oft überbetont, man spricht von einem Primat des Absatzes. Darin liegt jedoch eine Verkennung des organischen Aufbaues des betrieblichen Leistungsstromes, denn in jeder Stufe werden Leistungen erstellt, die zum gemeinsamen Ziele beitragen. Die Gewinnerzielung der Unternehmung liegt vor dem Verkaufsakt. In dieser letzten Phase kommt lediglich die positive Auswirkung der Leistungserstellung zum Ausdruck.

Der Leistungsstrom stellt die eine Richtung der Wertbewegungen dar. Der Wertkreislauf des Betriebs ist jedoch erst geschlossen, wenn die Gegenwerte in den Betrieb eingeflossen sind. Zu dem Zeitpunkt, in dem der Betrieb über die Gegenwerte verfügen kann, ist somit auch ein Gewinn erst realisiert.

Abb. 2.2 Betrieblicher Wertkreislauf

2.2.2. Grundzüge der Kostentheorie

2.2.2.1. Abgrenzung der Kosten

Zweifellos haftet allem wirtschaftlichen Handeln die Gefahr des Scheiterns an. Ebenso einleuchtend ist es, daß jeder am Wirtschaftsprozeß Beteiligte bemüht ist, die Ungewißheit über die Ergebnisse seiner wirtschaftlichen Tätigkeit nach bestem Vermögen zu beseitigen. Zur Erreichung dieses Zieles, soweit dies überhaupt möglich ist, gibt ihm die Betriebswirtschaftslehre Mittel in die Hand. Ein solches Mittel stellt das Rechnungswesen der Unternehmung dar. Hier kommt der Kostenrechnung, die auch auf die Zukunft abgestellt sein kann (Planungskostenrechnung), große Bedeutung zu.

Zunächst müssen wir die Kosten vom Aufwand und von den Ausgaben trennen. Der Begriff des Aufwands entstammt der Erfolgsrechnung, der Begriff Kosten der Kostenrechnung.

Ausgaben nennt man den Ausgang von Geld und Zahlungsmitteln. Mit diesen Ausgaben werden Werte beschafft. In der Erfolgsrechnung, die auf eine Rechnungsperiode, z. B. das Rechnungsjahr abgestellt ist, entsteht der Aufwand. Soweit der Aufwand der betrieblichen Leistungserstellung dient, handelt es sich um Kosten, andernfalls liegt ein neutraler Aufwand vor. Die Kosten (Gesamtkosten) umfassen jedoch auch die Zusatzkosten, diese (z. B. kalkulatorischer Zins und Unternehmerlohn) werden in der buchhalterischen Erfolgsrechnung nicht verrechnet.

Die Kosten entstehen beim betrieblichen Leistungsprozeß; sie sind der wertmäßige Ausdruck des sachlich konkreten Vorgangs der Einsetzung von Gütern und Dienstleistungen für die Erstellung der Betriebsleistung. Kosten sind somit Werteinsatz zur Leistungserstellung.

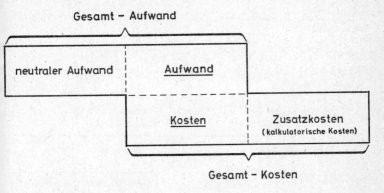

Abb. 2.3 Abgrenzung

Die Kosten müssen wie folgt dargestellt werden:

1. Natürliche Gliederung nach *Kostenarten* (Lohn, Fracht usw.),
2. funktionale oder abteilungsweise Gliederung nach *Kostenstellen* (Gießerei, Fräserei, Montage) und
3. Verteilung der Kosten auf die *Kostenträger*, denen sie zuzuordnen sind.

2.2.2.2. Gliederung und Verhaltensweisen der Kosten

Entsprechend dem Schema (Abb. 2.4) sollen die Kostenbegriffe erläutert werden.

1. Die *Durchschnittskosten* (Stückkosten) sind die Kosten, die sich ergeben, wenn wir die Gesamtkosten durch die Anzahl der erzeugten Einheiten dividieren.
2. Die *Grenzkosten* kennzeichnen den Kostenzuwachs bei Erhöhung der Ausbringung um jeweils eine Einheit.
3. Die *Zusatzkosten* (kalkulatorische Kosten) wurden im vorhergehenden Abschnitt behandelt.
   Die Unterscheidung in direkte oder Einzelkosten und indirekte oder Gemeinkosten ergibt sich aus der rechnungsmäßigen Zuteilungsmöglichkeit auf das Leistungsprodukt. Die Zurechenbarkeit ergibt sich aus dem ursächlichen Zusammenhang zwischen Kostenentstehung und Leistungserstellung.
4. Die *Einzelkosten* sind diejenigen Kosten, die einem Leistungsprodukt direkt zugeordnet werden können (z. B. Material × Preis oder Fertigungszeit × Lohnsatz).

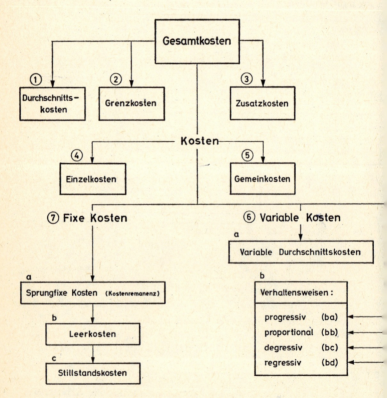

Abb. 2.4 Gliederung der Kosten (Kosten-Schema)

5. Die *Gemeinkosten* können dem Leistungsprodukt nicht direkt zugeordnet werden, da zwischen Kostenentstehung und Leistungserstellung kein direkter Zusammenhang besteht (Raumkosten, Telefon usw.).

Wegen des unterschiedlichen Verhaltens der Gemeinkosten bei wechselnden Beschäftigungsgraden ist eine Aufgliederung der Gemeinkosten notwendig in solche, die unabhängig vom Beschäftigungsgrad sind, feste oder fixe Kosten und solche, die sich im Verhältnis zum Beschäftigungsgrad ändern, veränderliche oder variable Kosten.

Bei steigendem oder fallendem Beschäftigungsgrad verändern sich die Gesamtkosten des Betriebs abweichend von der Zu- und Abnahme des Beschäftigungsgrades, entsprechend dem unterschiedlichen Verhalten der Kosten im einzelnen.

Der *Beschäftigungsgrad* ist das in Prozenten ausgedrückte Verhältnis der tatsächlichen Beschäftigung eines Betriebs zu einer vorhandenen Kapazität (wirtschaftlichen Vollbeschäftigung).

6. Zunächst wollen wir die *variablen Kosten* untersuchen.
   a) Teilen wir die gesamten variablen Kosten durch die Anzahl der erzeugten Einheiten, so erhalten wir die variablen Durchschnittskosten, die bei der Ermittlung des Betriebsminimums, wie wir noch sehen werden, von Bedeutung sind.
   b) Innerhalb der variablen Kosten unterscheiden wir ihrer Tendenz nach verschiedene Verhaltensweisen im Kostenverlauf.
      ba) Progressive Kosten steigen stärker bei steigendem und sinken rascher bei fallendem Leistungsumfang (z. B. Überstundenkosten).
      bb) Proportionale Kosten ändern sich im gleichen Ausmaß wie der Beschäftigungsgrad. In Wirklichkeit verlaufen diese Kosten jedoch auch nicht streng proportional, da grundsätzlich bei Produktion größerer Mengen auch die proportionalen Kosten leicht sinken (z. B. bessere Einarbeitung). Der Tendenz nach verlaufen sie jedoch proportional.
      bc) Degressive Kosten steigen und sinken in ihrer Gesamtheit in schwächerem Ausmaß als der Beschäftigungsgrad (die Produktion steigt z. B. um 50 %, die Kraftkosten um 35 %).
      bd) Regressive Kosten sind ihrer Natur nach so stark degressiv, daß sie nicht nur hinter der Steigerung des Beschäftigungsgrades zurückbleiben, sondern auch absolut abnehmen. Sie sind selten und treten z. B. in der Tarifstaffelung der Bundesbahn über Überschreiten der Tarifgrenzen auf.

7. Fixe Kosten sind alle Kostenelemente, die vom Leistungsumfang überhaupt nicht oder nur wenig beeinflußt werden.
   a) Sprungfixe Kosten (Kostenremanenz)
   Die fixen Kosten sind nur innerhalb einer Kapazitätsstufe fix. Dehnt sich die Produktion stark aus, so sind neue Investitionen notwendig, die fixen Kosten machen einen Sprung nach oben. Es können somit

sprungfixe Kosten auftreten, eine Erscheinung, die als Kostenremanenz bezeichnet wird. Diese besteht darin, daß sich die Kosten beim Beschäftigungsanstieg nur allmählich auf die Höhe einstellen, die der neuen Beschäftigung als Dauerzustand entspricht und daß die Kostensenkung ebenso bei Beschäftigungsrückgang nur mit Verzögerung dieser Veränderung folgt.

Bezieht man die fixen Kosten auf die Leistungseinheit, so zeigen sie bei steigender Ausbringung eine fallende Tendenz. Diese Degression ist um so stärker, je größer der Anteil der fixen Kosten an den Gesamtkosten ist, da sich hier die Degression des auf jedes Stück entfallenden Teils an fixen Kosten entsprechend stärker auswirkt. Die modernen Betriebe sind stark anlagenintensiv, da die menschliche Arbeitskraft durch Maschinen ersetzt werden muß; dies führt zu hohen fixen Kosten, die jedoch nur durch eine Ausweitung des Umsatzes gedeckt werden können. Da mit steigender Ausbringung die Kostendegression der Fixkosten zunimmt, steigen auch die Gewinnchancen dieser Betriebe, falls sie die Produkte zumindest noch zu Grenzkosten absetzen können.

b) *Leerkosten*

Der Betrieb hat eine bestimmte Kapazität (wirtschaftliche Vollbeschäftigung). Später nennen wir diesen Punkt das Betriebsoptimum. Um Leistungen erstellen zu können, entstehen fixe Kosten. Wird das Betriebsoptimum erreicht, spricht man von Nutzkosten, arbeitet der Betrieb unter dem Betriebsoptimum, bezeichnet man die Differenz zum Betriebsoptimum als Leerkosten, d. h. fixe Kosten, die zwar anfallen, aber nicht genutzt werden können.

c) *Stillstandskosten*

Steht der Betrieb still, so fallen immer noch fixe Kosten an, z. B. Bewachung der Anlagen, Versicherungsprämie usw. Diese fixen Kosten bezeichnet man als Stillstandskosten.

Wir haben versucht, das Zusammenspiel der Produktionsfaktoren im Betrieb an Hand des Wertkreislaufs und der Verhaltensweisen der Kosten darzustellen.

Im folgenden Abschnitt soll der Kostenverlauf untersucht werden. Um hier überhaupt zu einem Ergebnis zu kommen, müssen wir von einigen vereinfachenden Annahmen ausgehen, die wir erst Schritt für Schritt aufheben können.

2.2.2.3. Statischer Kostenverlauf

Bei der Analyse des Ertragsgesetzes untersuchten wir die Erträge in Abhängigkeit von den Kosten. Jetzt gehen wir den umgekehrten Weg und untersuchen die Kosten in Abhängigkeit von den Erträgen (Produktionsmengen). Man kann beim Kostenverlauf, wenn man die x- und y-Achse vertauscht, eine Spiegelung des Ertragsverlaufs beobachten.

In unserem nachfolgenden Beispiel 2, das in der Abb. 2.5 dargestellt wird, gehen wir davon aus, daß die Anlagen des Betriebs den konstanten Faktor darstellen.

Die Abb. 2.5 zeigt, daß die *Grenzkostenkurve* U-förmig verläuft. Ihr Minimum, der Punkt P_1, kennzeichnet die Schwelle des Ertragsgesetzes. Die eingezeichnete Durchschnittskurve wird in ihrem Minimum (P_2) von der Grenzkostenkurve geschnitten. Dieser Punkt P_2 kennzeichnet das *Betriebsoptimum*, den Punkt, in dem der Betrieb mit den niedrigsten Stückposten produziert. Hier liegt auch gleichzeitig die Gewinnschwelle, wenn wir das Prinzip der Preisunabhängigkeit unterstellen. Der Preis ist vom Marktverhalten des Betriebs unabhängig, er ist ein Datum, oder anders ausgedrückt, der Betrieb kann nur die Menge verändern. Somit ist die Grenzkostenkurve die Angebotskurve des Einzelbetriebs.

Zeichnen wir, wie in Abb. 2.6, neben der Grenzkostenkurve noch die Kurve der variablen Durchschnittskosten, so zeigt der Schnittpunkt der beiden Kurven P_2 *das Betriebsminimum* oder die Produktionsschwelle an. – Neben den fixen Kosten fallen bei Aufnahme der Produktion auch variable Kosten an (z. B. Löhne). Der Unternehmer wird erst dann mit der Produktion beginnen, wenn zumindest diese Kosten im Preis abgedeckt werden.

Beispiel 2: Kostenverlauf

Menge	Gesamtkosten	Fixe Kosten	Variable Kosten	Variable Durchschnittskosten	Grenzkosten*)	Durchschnittskosten
0	4,0	4,0	–		6,0	
1	10,0	4,0	6,0	6,0	4,0	10,0
2	14,0	4,0	10,0	5,0	3,0	7,0
3	17,0	4,0	13,0	~ 4,3	2,0	~ 5,7
4	19,0	4,0	15,0	~ 3,8	2,5	~ 4,8
5	21,5	4,0	17,5	3,5	3,0	4,3
6	24,5	4,0	20,5	~ 3,4	4,5	~ 4,1
7	29,0	4,0	25,0	~ 3,6	6,0	~ 4,1
8	35,0	4,0	31,0	~ 3,9	8,0	~ 4,4
9	43,0	4,0	39,0	~ 4,3	10,0	~ 4,8
10	53,0	4,0	49,0	4,9	–	5,3

*) Sie kennzeichnen den Kostenzuwachs bei Erhöhung der Ausbringung um jeweils eine Einheit.

In der vollständigen Konkurrenz (wir definieren sie näher unter dem Abschnitt „Preisbildung in der vollständigen Konkurrenz") ist für den Betrieb die Ausbringung maximal, bei der die Grenzkosten gleich dem Preis sind. Zur Erzielung eines Gewinns muß das Betriebsoptimum (Gewinnschwelle) jedoch überschritten werden.

Der Punkt P_1 stellt die Gewinnschwelle dar. Der Gewinn entsteht in P_2 dadurch, daß die konstanten Kosten gedeckt sind und nur noch variable Kosten bis zur Grenzkostenkurve anfallen. Der Punkt P_3 zeigt die Situation, daß die

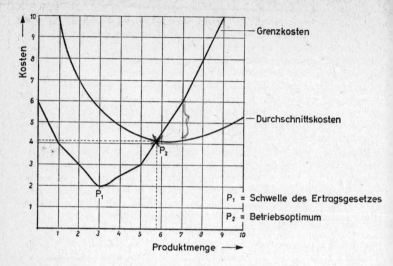

Abb. 2.5 Betriebsoptimum (Gewinnschwelle)

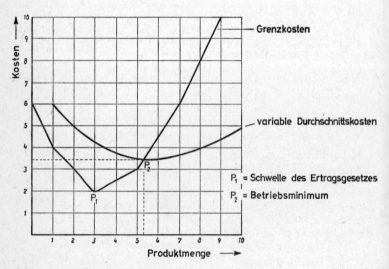

Abb. 2.6 Betriebsminimum (Produktionsschwelle)

Kosten nicht im Preis gedeckt werden, der Betrieb bietet noch im Betriebsminimum, d. h. mit Verlust an.

2.2.2.4. Dynamischer Kostenverlauf

Die Kostenbetrachtung wir bisher statisch oder kurzfristig. Da der Betrieb jedoch auch seine Betriebsgröße ändern kann, kommen wir zur dynamischen oder langfristigen Betrachtung der Kostenverläufe (long run). Hierbei stellen wir fest: Je langfristiger der Betrachtungszeitraum gewählt wird, desto weniger werden die fixen Kosten die gleiche Höhe haben. Überspitzt kann man sagen, daß am Ende der Entwicklung alle Kosten variabel sind. Diese Betrachtung führt jedoch zu weit, denn wir könnten dann genauso alle Produktionsfaktoren auf die Arbeit zurückführen, wie es *Ricardo* und *Marx* taten.

Verfolgen wir die Durchschnittskostenverläufe in der long-run-Betrachtung, so stellen wir fest, daß bei Vergrößerung der Kapazitäten die Durchschnitts-

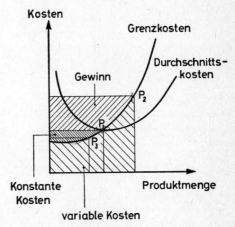

P_1 = *Betriebsoptimum (Marginalbetrieb)*
P_2 = *Gewinnsituation (intermarginaler Betrieb)*
P_3 = *submarginaler Betrieb*

Abb. 2.7 Gewinn bei Preis als Datum

kostenkurven die Tendenz haben, mit steigender Ausbringung immer niedrigere Betriebsoptima zu erreichen, es kommt zur Größendegression.

2.2.3. Die Gesamtangebotskurve

Wie wir bereits ausführten, bildet bei Preisunabhängigkeit die Grenzkostenkurve die Angebotskurve des Einzelbetriebs. Die Gesamtangebotskurve ergibt sich aus der Summe der Einzelangebote. Bei niedrigen Preisen sind es wenige Angebote, da der Gewinnanreiz für die Betriebe gering ist.

Bei hohen Preisen ist das Angebot größer, weil dann auch die nichtkostendeckenden (submarginalen) Betriebe noch ihre Produkte absetzen können. Unter Grenz- oder Marginalbetrieben verstehen wir jene Betriebe, die nur ihre Kosten decken, aber keinen Gewinn erzielen (s. Abb. 2.7, P_1).

Liegt der Preis in Abb. 2.7 jedoch bei P_2, so arbeitet der Betrieb mit Gewinn, und es handelt sich um einen intramarginalen Betrieb, der gegenüber dem Grenzbetrieb eine Produzentenrente erhält.

Liegt das Betriebsoptimum (P_1) jedoch über dem Preis, d. h. liegen die Stückkosten in P_1 Abb. 2.7 höher als der Preis (P_3) so handelt es sich um einen submarginalen Betrieb, der seine Produkte erst dann absetzen kann, wenn der Preis steigt und er zumindest zum Marginalbetrieb wird.

Stellen wir die Gesamtangebotskurve in einem Koordinatensystem dar und nehmen wir an, daß drei Betriebe ein Produkt anbieten, davon der Betrieb I intramarginal die Menge A, der Betrieb II marginal die Menge B und der Betrieb III submarginal die Menge C, so erkennen wir in der Abb. 2.8, daß

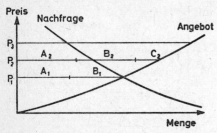

Abb. 2.8 Gesamtangebot

beim Preise P_1 die Betriebe I und II mit den Angeboten A_1 und B_3 zum Zuge kommen.

Steigt die Nachfrage und sind die Verbraucher somit bereit, einen höheren Preis für das Produkt zu zahlen (P_2), so erreicht auch der Betrieb III sein Betriebsoptimum, in dem er, wenn auch noch ohne Gewinn, die Menge C_2 absetzen kann, während die Betriebe I und II jetzt mit den Mengen A_2 und B_2 zum Zuge kommen. Auf dem gleichen Wege kann man auch die Gesamtnachfrage funktionell ermitteln, und es ergibt sich dann der Marktpreis. Neben diese funktionelle Betrachtungsweise tritt jedoch die kausalgenetische, die auf den Kostenüberlegungen der Anbieter und den subjektiven Nutzenschätzungen der Verbraucher beruht.

3. Konsumtion und Zirkulation

3.1. Das Wesen der Konsumtion

3.1.1. Die Bestimmungsgründe der Nachfrage

Im Mittelpunkt des Wirtschaftens steht das Wählen des Individuums. Aus diesem Grunde ist der Wert eines Gutes nicht in seinen Kosten zu suchen (objektive Wertlehre der Klassik); vielmehr beurteilt das Individuum den Wert der Güter danach, welchen Nutzen sie ihm stiften (subjektive Wertlehre der Wiener Schule).

Wir haben bereits einleitend auf das *I. Gossen*sche Gesetz hingewiesen, das besagt, daß der Nutzen eine Funktion der Menge ist. In der Grenzbetrachtung kann man sagen, daß der Grenznutzen eines Gutes mit zunehmender Menge abnimmt.

Träger der Konsumtion sind die *Haushalte*, die am Markt als Nachfrager auftreten. Das II. *Gossen*sche Gesetz zeigt auf, daß alle Bedürfnisgattungen bis zum gleichen Intensitätsgrad im Rahmen der vorhandenen Mittel abgedeckt werden. Es lautet: Die Intensität der zuletzt befriedigten Bedürfnisse ist gleich groß.

Beispiel 3: (Einkommen = 12 Geldeinheiten)

Bedürfnis I	*Bedürfnis II*	*Bedürfnis III*
–	–	12
–	8	6
4	4	4
6	7	5
5	6	4

Die vorhandenen Mittel werden von den Haushalten somit so eingesetzt, daß die Grenznutzen in allen Verwendungsarten gleich sind. Unter Verwendung des Geldes kann man vom Gesetz des Ausgleichs des Grenznutzens des Geldes sprechen.

Der *Nutzen* eines Gutes hängt jedoch nicht nur von der Menge eines Gutes ab, sondern auch von der Menge aller anderen Güter. Hier müssen auch die Wirkungen der Substitution und der Komplementarität berücksichtigt werden. Komplementäre Güter sind solche, die gemeinsam wirken, z. B. Benzin und Kraftwagen.

Bei Erhöhung z. B. des Butterpreises weicht der Verbraucher auf Margarine aus *(Substitution)*, infolge der erhöhten Nachfrage wird jedoch auch Margarine im Preis steigen. Beide Preise verändern sich somit in der gleichen Richtung.

Wird das Benzin stark verteuert, werden weniger Autos gekauft, der Umsatz läßt nach, und die Autos werden billiger *(Komplementarität)*. Hier verändern sich die Preise entgegengesetzt (Preisbildung).

Alle diese Faktoren werden in den Indifferenzkurven des Haushalts berücksichtigt, die letztlich die Gesamtnachfragekurve bilden.

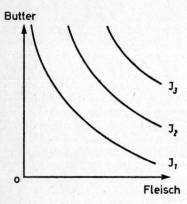

Abb. 3.1 Indifferenzkurven

Die Indifferenzkurven des Haushalts sind Kurven, die indifferente Mengenkombinationen miteinander verbinden (Abb. 3.1). Die Gesamtheit indifferenter Güterkombinationen nennen wir ein Versorgungsniveau. Nehmen wir an, 100 g Butter und 200 g Fleisch stiften den gleichen Nutzen, so entsteht folgende Tabelle:

Butter	100	200	300
Fleisch	200	400	600

Alle drei Kombinationen sind für das Individuum gleichwertig (indifferent).

Der Erfüllung der Wünsche des Individuums sind jedoch im Einkommen und in den Preisen, die am Markt gezahlt werden müssen, Grenzen gesetzt.

Der Haushalt wird danach streben, sich die Mengenkombination zu verschaffen, die ihm den höchsten Gesamtnutzen stiftet.

Stellen wir das Einkommen des Haushalts in einer Geraden B–A dar, die durch das Einkommen und die Güterpreise bestimmt ist, so ist die günstigste Versorgung des Haushalts in dem Punkt erreicht, in dem die Gerade die Indifferenzkurve schneidet. Im Rahmen des Einkommens B–A stellt die Möglichkeit O–B_1 und O–A_1 die günstigste Güterkombination dar.

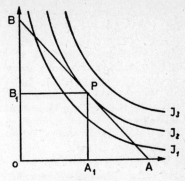

Abb. 3.2 Bilanzgerade des Haushalts

Im Punkt P, in dem der Haushalt die höchste Indifferenzkurve erreicht, ist auch das II. *Gossen*sche *Gesetz* erfüllt, d. h. der Grenznutzen der Güter ist gleich groß und der Grenznutzen ist gleich dem Preis.

An die Stelle des I. *Gossen*schen Gesetzes tritt das Gesetz von der abnehmenden Grenzrate der Substitution, da der Nutzen nicht meßbar ist.

Dieses Gesetz, das wir in der Abb. 3.3 dargestellt haben, besagt, daß die *fortlaufende Substitution* des Gutes A durch das Gut B bei unverändertem Versorgungsniveau dazu führt, daß eine zusätzliche Einheit des Gutes B nur eine immer kleinere Menge des Gutes A ersetzen kann, wenn der gleiche Gesamtnutzen erhalten bleiben soll.

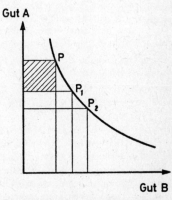

Abb. 3.3 Die abnehmende Grenzrate der Substitution

3.1.2. Die Gesamt-Nachfragekurve

Auf Grund der gegenseitigen Abhängigkeit (Interdependenz) der Preise hängen die Nachfragemengen nach einem Komsumgut nicht nur von den Preisen des in Frage kommenden Gutes und dem Einkommen der Haushalte ab, sondern gleichzeitig auch von den Preisen aller anderen Güter.

Die einzelnen Nachfragekurven der Haushalte und Betriebe (diese werden im gleichen Abschnitt noch behandelt) bilden in der funktionellen Betrachtung die volkswirtschaftliche Gesamtnachfragekurve. Die Güterzusammenhänge (Komplementarität und Substitution) und die Preiswirkungen (Einkommens- und Preiselastizität) werden unmittelbar im Verlauf der Indifferenzkurven ausgedrückt.

Als *Bestimmungsgründe der Nachfrage* des Haushalts, die in den Indifferenzkurven zum Ausdruck kommen, haben wir das Einkommen, das Preisniveau, die Substitutionsmöglichkeiten und die Nutzenschätzungen der Verbraucher angeführt.

Die Kaufkraft ist jedoch nicht nur vom Einkommen, sondern auch vom Kredit und vom Vermögen abhängig. Ebenso werden die Nutzenvorstellungen der Verbraucher durch Mode und Werbung beeinflußt. Daneben gilt es noch, die Reaktion der Konkurrenten auf der Angebotsseite zu berücksichtigen (siehe Abschnitt „Preisbildung").

Die Ableitung der gesamtwirtschaftlichen Nachfrage aus den Indifferenzkurven ist nicht ohne Kritik geblieben, denn dem Individuum kann es wie Buridans Esel ergehen, der vor zwei gleich großen Heuhaufen stand und verhungerte, weil er sich nicht entscheiden konnte, welchen er wählen sollte.

Durch die kausalgenetische Betrachtung sollen die Bestimmungsgründe – in diesem Falle für die Nachfrage – der Betriebe nach den Produktionsfaktoren ermittelt werden.

Innerhalb der Konsumnachfrage steht der Nutzen, der nicht meßbar ist, im Mittelpunkt der Analyse. Die Nachfrage nach Produktionsmitteln durch die Betriebe ist jedoch meßbar. Sie kann in Kurven indifferenten Ertrags, die als Isoquanten bezeichnet werden, dargestellt werden, die dann analog den Indifferenzkurven den Verlauf der Nachfragekurse bestimmen.

Die Darstellung ist jedoch zu kompliziert, um die Frage beantworten zu können, wie lange der Betrieb Produktionsfaktoren nachfragt.

Nehmen wir an, der Betrieb fragt Arbeitskräfte nach, so gilt auf alle Fälle das *Ertragsgesetz;* ferner muß der Betrieb die Lohnhöhe *(input)* und die Absatzpreise *(output)* beachten. Im Wege dieser input – output – Analyse stellt der Betrieb fest, was ihn jeweils eine Arbeitskraft kostet, es entstehen Grenzausgaben. Dann ermittelt er, welche zusätzlichen Einnahmesteigerungen (Grenzeinnahmen) durch die Beschäftigung jeweils eines Arbeiters entstehen. Er wird daher so lange den Produktionsfaktor Arbeit nachfragen, als seine Grenzeinnahmen noch über den Grenzausgaben liegen, einfach ausgedrückt, solange die zusätzliche Arbeitskraft mehr einbringt, als sie kostet. Da es sich hier um eine Wirtschaftlichkeitsrechnung handelt, bei der man auf die Produktivität abstellt, nennt man diese Betrachtung auch die Grenzproduktivitäts-Analyse. Sie läßt sich auch für die beiden anderen Produktionsfaktoren analog anwenden.

3.2. Das Wesen der Zirkulation

3.2.1. Der Wert in der Wirtschaftslehre

Der *Wert* ist ein Zentralbegriff der Wissenschaften, denn es gibt kein Wissensgebiet, in dem der Wert nicht vertreten wäre. Wir sind bereits auf die objektive Wertlehre der Klassiker (Kosten) und die subjektive Wertlehre der Wiener Schule (Nutzen) eingegangen. Die volkswirtschaftlichen Wertbegriffe dienen der Preiserklärung. Die Funktion der betriebswirtschaftlichen Wertbegriffe ist es, die Eigenart und die zeitliche Stellung der Marktgrößen in ihrem Einfluß auf die Betriebe und die Preispolitik zu charakterisieren.

Die Werttheorie zeigt uns, wie Schmalenbach sagt, wie der Betrieb in einem speziellen Fall werten soll, um den Kampf am Markt zu bestehen. Der Wert ist somit auch ein zentrales Problem der Betriebswirtschaftslehre, denn der Vergleich der eingesetzten und erzielten Werte zeigt, ob die Leistungserstellung des Betriebes wirtschaftlich war.

Um dies feststellen zu können, müssen die im Besitz der Unternehmung befindlichen Bestände an Gebäuden, Maschinen, Einrichtungen, Roh-, Halb- und Fertigfabrikaten usw. geldlich beziffert (bewertet) werden.

Wir können die *Bewertungsmöglichkeiten* gliedern:

a) im Hinblick auf den Leistungsablauf. Hierbei können wir auf dem Einstandswert oder auf dem Verkaufspreis aufbauen;

b) im Hinblick auf Preisschwankungen. Hier unterscheiden wir das Realisations-, das Zeit- oder Tageswert- und das Niederstwertprinzip.

Wir sehen, nicht nur die Nachfrage wird durch die Wert- oder Nutzenschätzungen bestimmt, auch auf der Angebotsseite müssen die Betriebe wirtschaften, indem sie werten.

3.2.2. Die Preisbildung in der vollständigen Konkurrenz

3.2.2.1. Die Voraussetzungen der vollständigen Konkurrenz

Wir haben zunächst die Bestimmungsgründe von Angebot und Nachfrage dargestellt, die auf dem Markt zusammentreffen und den Marktpreis bilden. Dabei ist der Markt der Ort, an dem das geordnete Sichtreffen von Angebot und Nachfrage stattfindet. Je breiter die Basis des Marktes ist, desto idealer ist er. Die Preisbildung ist abhängig von den Marktformen, die wir im nächsten Teil (B) darstellen. Ebenso sollen dort die Probleme des vollkommenen und unvollkommenen Marktes behandelt werden.

In der *vollständigen Konkurrenz* ist der Preis ein Datum, wie wir bereits ausführten, da Angebot und Nachfrage atomisiert sind und deshalb

(1) das Prinzip der Preisunabhängigkeit gilt.

Diese Marktform verlangt

(2) eine *Vielzahl von Marktteilnehmern,* die
(3) wirtschaftlich gleichartige *(homogene) Güter* nachfragen. Dabei muß
(4) eine umfassende Markteinsicht *(Markttransparenz)* in bezug auf die Qualität und den Preis gegeben sein. Ferner unterstellt man, daß sich
(5) das *Geld neutral* verhält und
(6) eine *Rahmenordnung* gesetzt wird, innerhalb derer Eigentum, Erbrecht, Gewerbe-, Koalitions-, Vertrags- und Niederlassungsfreiheit positiv geregelt sind.

Alle Voraussetzungen der vollständigen Konkurrenz sind in der wirtschaftlichen Wirklichkeit nur selten erfüllt. Die vollständige Konkurrenz ist jedoch die Marktform, in der die Wettbewerbsordnung die dominierende Rolle spielt.

3.2.2.2. Die statische Preisbildung

Der Preis hat die Funktion, den Einsatz der Produktionsfaktoren im Sinne der Verbraucherwünsche zu lenken. Er ist Ausdruck des Spannungsverhältnisses zwischen Angebot und Nachfrage. Demzufolge bedeutet – normalerweise – ein Steigen des Angebots ein Sinken des Preises und umgekehrt. Preis, Angebot und Nachfrage bedingen sich jedoch gegenseitig bis zum Einpendeln des Gleichgewichtspreises. Der Preis tendiert zum Gleichgewicht hin, bei dem der größtmögliche Umsatz zustande kommt und die angebotenen und nachgefragten Mengen gleich groß sind.

Wir wiesen bereits darauf hin, daß bei Substitution sich die Preise in der gleichen Richtung, bei Komplementarität in entgegengesetzter Richtung verändern.

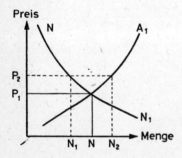

Abb. 3.4 Marktpreis (siehe auch Abb. 2.8)

Das Schaubild (Abb. 3.4) zeigt im Punkt P_1 den Gleichgewichtspreis in statischer Betrachtung. Unter *Elastizität* können wir ganz allgemein die Veränderung eines Marktfaktors (z. B. Angebot, Nachfrage, Preis oder Einkommen) auf Grund der Veränderung eines anderen Marktfaktors verstehen.

Die Abb. 3.5 zeigt, daß die Nachfrage unelastisch sein kann (Abschnitt a der Nachfragekurve). Sie reagiert auf Preisveränderungen nur schwach. So ist z. B. die Nachfrage nach Brot kaum elastisch, sie ist starr.

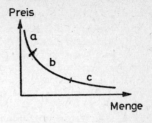

Abb. 3.5 Die Elastizitäten der Nachfrage

Bei einer Preissenkung kann jedoch die Absatzmenge im selben Maße steigen wie der Preis sinkt, dann verläuft die Elastizität proportional (Abschnitt b der Nachfragekurve).

Die Nachfrage kann jedoch auch sehr stark elastisch sein, siehe Abschnitt c der Nachfragekurve. Sie verläuft dann überproportional, d. h. sinkt der Preis, so steigt die Nachfrage sehr schnell und umgekehrt.

3.2.2.3. Die dynamische Preisbildung

Innerhalb der statischen Preisbildung gingen wir von der Voraussetzung aus, daß bei erhöhter Nachfrage das Angebot schlagartig am Markt vorhanden sei. Diese schlagartige Anpassung des Angebots an die Nachfrage ist jedoch meistens unrealistisch, weil das Angebot sich stufenweise anpaßt.

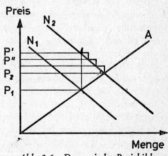

Abb. 3.6 Dynamische Preisbildung

Die in der Abb. 3.6 dargestellte Entwicklung zeigt einen *treppenstufenförmigen Verlauf,* da bei Erhöhung der Nachfrage von N_1 zum Preise von P_1 auf N_2 zum Preise von P_2 das Angebot schlagartig in der gewünschten Menge zum Preise P_2 vorhanden ist, weil der Kapazität der anbietenden Betriebe Grenzen gesetzt sind.

Es wird zunächst eine geringere Menge des nachgefragten Gutes zum Preise von P', dann eine etwas größere Menge zum Preise P'' angeboten, bis bei weiterer Ausdehnung der Produktion und sinkenden Preisen der Punkt P_2 erreicht wird. Langfristig wird somit ein Gleichgewicht angesteuert. Störungen dieses Gleichgewichts sind jedoch durch die gegenläufige (inverse) Angebots- und Nachfrageelastizität möglich. Bei steigenden Löhnen läßt z. B. die Frauenarbeit nach, während früher bei geringeren Löhnen noch die Kinder arbeiteten (inverser Verlauf der Angebotskurve für Arbeitskräfte). In der Inflation wird bei steigenden Preisen noch mehr nachgefragt, um in die Sachwerte zu fliehen (inverser Verlauf der Nachfragekurve).

3.2.3. Die Wettbewerbsordnung

Die Marktform der vollständigen Konkurrenz ist nicht mit der liberal-klassischen Vorstellung vom Marktpreis, der um den natürlichen Preis schwankt (Existenzminimum), gleichzusetzen.

Die *Wirtschaftspolitik der Wettbewerbsordnung* will den Märkten eine Ordnung geben, in die alle Teile des Wirtschaftsprozesses sinnvoll eingegliedert werden[16]). Wenn die Konkurrenz ein Leistungswettbewerb sein soll, dann muß die liberale Freiheit eingeschränkt werden. Einmal müssen monopolistische Einflüsse begrenzt, zum anderen muß der unlautere Wettbewerb ausgeschlossen werden (weitere Ausführungen in Teil B unter soziale Marktwirtschaft).

Die Politik der Wettbewerbsordnung verlangt die Herstellung eines funktionsfähigen Preissystems. Deshalb ist es notwendig, im Rahmen einer positiven Wirtschaftsverfassung sozialer und marktwirtschaftlicher Art die Marktform der vollständigen Konkurrenz zur Entwicklung zu bringen.

Innerhalb der Wettbewerbsordnung passen Preise und Kosten sich gegenseitig an, denn der Wettbewerbspreis kann die Herstellungskosten nicht dauernd unter- oder überschreiten. Das Abweichen der Preise von den Produktionskosten führt zu einer Änderung der angebotenen Menge des Produkts und dadurch zu einer Anpassung des Preises an die Produktionskosten. Sinken die Preise unter die Kosten, dann erfolgt eine allmähliche Einstellung der Produktion. Ist das Angebot des Grenzbetriebs gerade noch notwendig, um die Nachfrage zu decken, bestimmen die Kosten des Grenzbetriebs den Preis am Markt. Die Grenzkosten sind der zusätzliche Kostenaufwand, der noch geleistet werden muß, um eine gegebene wirksame Nachfrage befriedigen zu können. Deshalb sind für die Höhe des Preises eines Gutes die Grenzkostenkurven der anbietenden Betriebe bestimmend.

Die *Wettbewerbsordnung* ist nicht nur ein ökonomisches Lenkungsinstrument, vielmehr auch ein Prinzip, dem in der sozialen Marktwirtschaft eine gesellschaftspolitische Bedeutung zukommt.

In der Umkehrung der ursprünglichen liberalen Idee sieht Miksch die Hauptaufgabe. „Aus der Naturordnung" wird eine „staatliche Veranstaltung"[17]). Diese Auffassung wird auch von Böhm vertreten[18]).

---

[16]) Vgl. Walter Eucken, Grundsätze der Wirtschaftspolitik, Tübingen 1959, Seite 154 ff.
[17]) Miksch, L., Wettbewerb als Aufgabe, Godesberg 1947, S. 12.
[18]) Böhm, F., Die Ordnung der Wirtschaft als geschichtliche Aufgabe und rechtsschöpferische Leistung, Stuttgart 1957, S. 120.

Auch *Gahlen*[19]) weist auf Rüstow hin, der bereit ist, Wirtschaftszweige mit „unvermeidlicher Monopolstruktur" zu verstaatlichen. Ordnung- und Prozeßpolitik sollten nicht von Wirtschaftsgruppen bestimmt werden, vielmehr von unabhängigen Fachleuten. Auch *Gahlen*[19]) fordert einen starken Staat, denn die bisherige Nachlässigkeit gegenüber dem Konzentrations- und Verteilungsproblem kann die Wettbewerbsordnung langfristig mehr gefährden als Wachstumseinbußen bei stärkerer Steuerprogression.

Eine stärkere Steuerprogression der Einkommenssteuer im oberen Bereich und vor allem eine Redistribution über die Erbschaftssteuer – ergänzt durch eine Boden-Wertzuwachssteuer – wären ordnungspolitische Eingriffe, die im Interesse des Gemeinwohles durchaus vertretbar sind.

3.3. Überblick über Teil B

Wir haben versucht, die Bestimmungsgründe von Angebot und Nachfrage in der Marktform der vollständigen Konkurrenz darzulegen. Es muß jedoch noch die Frage beantwortet werden, ob der Wettbewerb, trotz der anderen Marktformen (Monopol, Oligopol usw.), am vollkommenen und am unvollkommenen Markt wirksam ist.

Bisher waren unsere Betrachtungen rein güterwirtschaftlicher Art (Isolation), daher soll der Wirtschaftsablauf unter Berücksichtigung der Wirkungen des Geldes dargestellt werden (Variation).

Der ordnungspolitische Rahmen, innerhalb dessen sich der Wirtschaftsprozeß vollzieht, spielt eine wichtige Rolle, deshalb sollen die Zielsetzungen einiger Wirtschaftssysteme kritisch untersucht werden.

Von der Produktion gelangten wir über die Konsumtion zur Preisbildung, die auch über die Einkommensbildung mitentscheidet. Die Einkommen entstehen aus der Entlohnung für die Produktionsfaktoren Boden, Arbeit und Kapital in Grundrente, Lohn, Zins und Unternehmergewinn, daher ist die Verteilung (Distribution) eine Preiserklärung der Produktionsfaktoren.

Die Volkswirtschaft ist jedoch nicht stationär, sie wächst, und damit entstehen konjunkturelle Probleme. Der Staat übt mit seiner Finanz- und Wirtschaftspolitik einen entscheidenden Einfluß auf die Einkommensbildung und -verteilung aus. Diese Probleme, unter Berücksichtigung des Außenhandels, sollen kurz angedeutet werden. Die Zusammenhänge von Sozialprodukt, Volkseinkommen und volkswirtschaftlicher Gesamtrechnung zeigen ein abschließendes Bild des gesamtwirtschaftlichen Kreislaufs.

In einem *Exkurs* werden *abschließend* einige aktuelle *währungspolitische Probleme* erörtert.

---

[19]) Gahlen, B., Hat die soziale Marktwirtschaft versagt? in: Wirtschaftswoche, Nr. 4, v. 22. 1. 71, S. 33.

Teil B Wirtschaftsablauf

4. Marktformen, Geldlehre, Wirtschaftssysteme und „soziale Marktwirtschaft"

4.1. Marktformen und Preisbildung

4.1.1. Marktformen und Preisbildung auf dem vollkommenen Gesamt-Markt

Wir haben bisher nur die Marktform der vollständigen Konkurrenz auf dem vollkommenen Markt behandelt. Dieser Markt ist dadurch gekennzeichnet, daß wirtschaftliche Gleichartigkeit der Güter (Homogenität) und Markteinsicht in bezug auf Qualität und Preis (Markttransparenz) bestehen, dabei bildet der Preis ein Datum (Preisunabhängigkeit), und es kommt nur ein Preis für ein Gut zustande.

4.1.1.1. Das Monopol und seine Preisbildung

Lassen wir die Voraussetzung der Preisunabhängigkeit fallen und nehmen wir an, daß nur von einem Betrieb angeboten wird, so bezeichnen wir diesen Bieter als Angebotsmonopolisten, die Marktform als Angebotsmonopol.

Die Anbieter in der vollständigen Konkurrenz konnten nur die Menge verändern, da der Preis ein Datum war (Mengenanpasser). Dem Monopolisten steht jedoch die gesamte Nachfrage gegenüber, so daß er den Preis verändern kann (Preisanpasser).

Für den Angebotsmonopolisten ist nicht der Preis, sondern die Nachfragekurve ein Datum, das er, z. B. durch die Werbung, zu beeinflussen versucht.

In der Grenzbetrachtung war in der vollständigen Konkurrenz der Preis als Datum identisch mit dem Grenzerlös (Menge × Preis der jeweils letzten Einheit), anders jedoch beim Monopol, denn hier wirkt sich eine Veränderung der Gesamtangebotsmenge auf den Preis aus.

Nehmen wir das folgende Beispiel 3 an:
Wir stellen fest, daß sich Preis und Grenzerlös voneinander entfernen.

Stellen wir den Sachverhalt graphisch dar, so zeigt sich folgendes Bild (siehe Abb. 4.1):

Grenzkosten (K') und Grenzerlös (F') sind im Schnittpunkt S gleich groß, d. h. der Monopolist erhält für die letzte Einheit soviel, wie er für sie aufwenden muß. Den Schnittpunkt C bezeichnet man als *Cournotschen Punkt* (nach

Beispiel 3

Menge	Preis	Gesamterlös	Grenzerlös
1	20	20	20
2	16	32	12
3	12	36	4
4	9	36	0
5	6	30	− 6

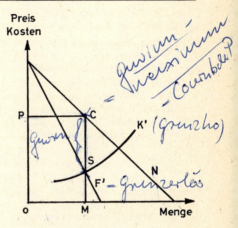

Abb. 4.1 Monopolpreis (Grenzkosten − Grenzerlös)

Deutlicher wird die Darstellung mit der Gesamterlös- und der Gesamtkostenkurve:

Beispiel 4

Preis	Menge	Gesamterlös
10	0	0
9	4	36
8	8	64
7	12	84
6	16	96
5	20	100
4	24	96
3	28	84
2	32	64
1	36	36
0	40	0

Cournot, der diese Gesetzmäßigkeit feststellte). Er kennzeichnet das Gewinnmaximum des Monopolisten. Der Monopolist sieht jetzt die Nachfragegerade N vor sich und bringt die Menge OM zum Preis OP aus.

Im Punkt C, in dem die Gesamterlöskurve am höchsten über der Gesamtkostenkurve liegt *(Cournot*scher Punkt, der durch Anlegen der Tangenten ermittelt wird), wird der Maximalgewinn des Angebotsmonopolisten erzielt.

Die Preisbildung nach dem *Cournot*schen Punkt ist jedoch nur auf dem vollkommenen Markt möglich, da durch einen überhöhten Preis, d. h. große Gewinnchancen, die Außenseiter-Konkurrenz herbeigelockt wird. Andererseits kann auf dem unvollkommenen Markt durch Preisdifferenzierung (unterschiedliche Preise) der Gewinn noch über den *Cournot*schen Punkt liegen.

Neben diesem Angebotsmonopol kennen wir das Nachfragemonopol. Hier bildet die Angebotskurve der Lieferanten die Bezugskurve, die der Nachfragemonopolist zu beeinflussen versucht.

Auch die staatliche Preisregelung hat Monopolcharakter. Liegt z. B. ein Festpreis über dem Normalpreis, so haben wir den Fall des Angebotsmonopols vor uns. Wir unterscheiden zwischen Höchst- und Mindestpreisen. Dabei wird durch Höchstpreise die Nachfrageseite (z. B. Kostenmieten), durch Mindestpreise die Angebotsseite geschützt (z. B. Preise für landwirtschaftliche Produkte).

Die staatliche Preispolitik zum Schutze der Landwirtschaft kann eigenartige Formen annehmen, wie es gegenwärtig der „Schweineberg" zeigt.

Das ausländische Futtergetreide wird bei der Einfuhr subventioniert und an die Schweine verfüttert. Diese vermehren sich schnell, da die Bauern hoffen, auf dem Markt gute Schweinepreise zu erzielen. Da aber alle Bauern viele

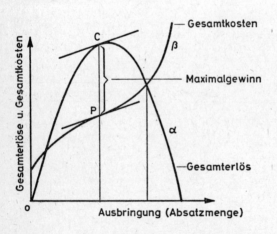

Abb. 4.2 Monopolpreis (Gesamtkosten – Gesamterlös)

Schweine züchten, wächst das Angebot am Markt; man müßte also erwarten, daß der Preis fällt, da die Nachfrage noch unverändert ist. Dies tritt jedoch nicht ein, da die staatliche Einfuhr- und Vorratsstelle die Schweine zu hohen Preisen aufkauft, sie entweder konserviert oder ins Ausland verkauft, und zwar zu niedrigen Weltmarktpreisen. So wird durch die staatliche Preisregelung das „Schweinchen" aufgepäppelt, teuer aufgekauft und mit einer weiteren Subventionsprämie ins Ausland exportiert. Hier wird deutlich, daß Gruppen geschützt werden (Gruppenegoismus) und die Verbraucher die Subventionen im Preis bezahlen.

4.1.1.2. Die Marktform des Oligopols

Geht man vom Unterscheidungsmerkmal der Zahl der Marktteilnehmer aus, so tritt neben der vollständigen Konkurrenz und dem Monopol eine weitere Marktform in Erscheinung, das Oligopol. Die Marktform des Oligopols ist dadurch gekennzeichnet, daß nur *„einige wenige" Marktteilnehmer* auf der Angebots- oder Nachfrageseite vorhanden sind. Es ist jedoch oft schwierig, zu bestimmen, wann „wenige" und wann „viele" Marktteilnehmer vorhanden sind.

Neben der absoluten Zahl der Bieter kann man jedoch auch die Verhaltensweisen (z. B. Preis- oder Mengenanpasser) als Unterscheidungsmerkmal wählen. Ebenso ist es möglich, die Marktform danach einzuteilen, wie sich die Nachfrager oder Konkurrenten verhalten.

Am vollkommenen Markt ist der Wettbewerb nur in der Marktform der vollständigen Konkurrenz wirksam. Der vollkommene Markt ist in der wirtschaftlichen Wirklichkeit jedoch ein seltener Fall (z. B. die Börse). Daher ist die Frage zu untersuchen, ob der Wettbewerb trotz der Monopole und der Oligopole am unvollkommenen Gesamtmarkt noch wirksam ist.

4.1.2. Marktformen und Preisbildung auf dem unvollkommenen Gesamt-Markt

Lassen wir die Voraussetzung der wirtschaftlichen Gleichartigkeit und der Markteinsicht fallen, so kann sich auf dem Gesamtmarkt kein einheitlicher Preis mehr bilden, wir befinden uns auf dem unvollkommenen Gesamtmarkt.

4.1.2.1. Die unvollständige Konkurrenz und die Preisdifferenzierung

Es ist durchaus möglich, daß auf einem unvollkommenen Gesamtmarkt „viele" Monopolisten miteinander im Wettbewerb stehen, dann liegt monopolistische Konkurrenz vor. Hat z. B. die Firma *Ewald* ein regionales Monopol im Raum Bayern für die Flaschenerzeugung und setzt sie ihre Preise zu hoch an (*Cournot*scher Punkt), so wird sie alsbald die Konkurrenz des Monopolisten *Lorenz* aus dem Raum Frankfurt und die Konkurrenz weiterer Anbieter aus anderen Räumen herbeilocken, wenn der bayerische Preis über dem Preis im Raum Frankfurt und über den Preisen in den anderen Räumen + Transportkosten liegt.

Der Monopolist muß also in jedem Falle die Reaktion der Konkurrenten berücksichtigen, aber auch die Reaktion der Nachfrager, die u. U. auf andere Produkte ausweichen können.

Ein wirkungsvolles Mittel, die monopolistische Konkurrenz auszuschalten, liegt in der Preisdifferenzierung, die nach Gutenberg grundsätzlich dann vorliegt, wenn eine Unternehmung ihren Kunden Güter gleicher Art zu unterschiedlichen Preisen verkauft.

Eine räumliche Preisdifferenzierung gibt es z. B. am Benzinmarkt, weil der Preis in Abhängigkeit von den Transportkosten festgelegt wird (Zonenpreise).

Vorherrschend ist die *sachliche Preisdifferenzierung*. Hier wird dieselbe Ware zu unterschiedlichen Preisen abgesetzt. Dies ist einmal im Inland möglich, wenn z. B. ein Radiogerät – jeweils unter verschiedenen Markennamen – preisdifferenziert verkauft wird. Zum anderen kann jedoch im Inland der Preis zum *Cournot*schen Punkt erzielt werden, im Ausland wird aber billiger angeboten; man spricht dann von *Dumping* (wörtlich „auf den Mist werfen").

Hierdurch wird zwar – einzelwirtschaftlich gesehen – ein zusätzlicher Gewinn erzielt, da die fixen Kosten durch den Inlandsabsatz gedeckt werden, gesamtwirtschaftlich betrachtet, werden jedoch Güter an das Ausland verschleudert, deren fixe Kosten im Inland abgedeckt werden.

Auch die *zeitliche und die soziale Differenzierung* ist möglich. Zeitliche Differenzierung ist auf dem Büchermarkt üblich. Hier sinken die Preise mit zunehmender Auflage auch unabhängig von den Kosten. Die Klassenstaffelung bei der Bundesbahn könnte man als soziale Preisdifferenzierung bezeichnen.

Die *Werbung* soll den Kunden aufklären. Sie wird jedoch oft dazu mißbraucht, die Überschaubarkeit des Marktes (Markttransparenz) zu zerstören. Zudem werden wirtschaftlich durchaus gleichartige (homogene) Güter, z. B. Waschmittel, durch die Werbung in den Augen des Verbrauchers differenziert.

4.1.2.2. Die oligopolistische Konkurrenz, Kartelle und Konzerne

Häufig begegnet uns die oligopolistische Konkurrenz. Hier stehen „einige wenige" Monopolisten miteinander im Wettbewerb. Die Preisbildung wird besonders erschwert. Einmal gilt, was über die Preisdifferenzierung gesagt wurde, zum anderen können Sonderformen auftreten, wie z. B. die ruinöse Konkurrenz, durch die Mitanbieter so lange im Preis unterboten werden, bis sie vom Markt verschwinden. Dann ist aus dem Oligopolisten ein Monopolist geworden, der den Preis bestimmen kann.

Dieser Fall ist jedoch selten; meistens bildet sich ein Preisführer heraus, nach dem sich die Mitanbieter richten, es kommt zur *Preisabsprache* (Kartell) oder die Konkurrenz wird aufgekauft (Konzern). Was die Preisabsprachen betrifft, führte schon Adam *Smith* aus, daß sich Unternehmer selten zu Lustbarkeit und Zerstreuung träfen. Ihre Zusammenkünfte endeten meistens mit einer Preissteigerungsabsprache oder mit einer Verschwörung gegen das Gemeinwohl.

Kartelle sind Zusammenschlüsse rechtlich selbständiger Unternehmungen zum Zwecke der Marktbeeinflussung oder Marktbeherrschung. Sie entstehen durch Vertrag, dienen der Preismanipulation (Preiskartell) und beschränken den

Wettbewerb, da sie Wahlmöglichkeiten (Alternativen) ausschalten und nicht kostenorientiert sind.

Nicht alle Kartelle sind negativ zu beurteilen. Konditions-, Kalkulations-, Einfuhr-, Ausfuhr- und Rationalisierungskartelle können als mit der Marktwirtschaft vereinbar (marktkonform) bezeichnet werden, da sie den Preiswettbewerb nicht – oder nicht wesentlich – einschränken.

Kartelle sind auf die Marktsphäre abgestellt, sie dienen der Preispolitik. Dagegen sind Konzerne auf die Produktionssphäre ausgerichtet, sie dienen – neben der Marktbeherrschung – der Kostensenkung.

Hier unterscheidet man zwischen horizontalem und vertikalem Konzernaufbau. Beim *horizontalen* Konzernaufbau werden gleiche Produktionsstufen zusammengeschlossen (z. B. Daimler-Benz/VW/Auto-Union), beim *vertikalen* Konzernaufbau werden aufeinanderfolgende Produktionsstufen miteinander verbunden *(Krupp)*; hier ist die Steuerersparnis von großer Bedeutung.

4.1.2.3. Die Preisbindung der zweiten Hand und die Richtpreise[20])

Die Markenartikelfirmen müssen die Preisbindung der zweiten Hand (vorgeschriebener Endverkaufspreis) durch das Kartellamt genehmigen lassen. Die Händler werden durch Vertragsstrafen und Liefersperren zur Einhaltung der Preise gezwungen. Das Kartellamt kann die Preisbindung erst aufheben, wenn die Lückenlosigkeit des Preissystems durchbrochen wird.

Hier liegen typische Preiskartelle vor, die den Wettbewerb ausschalten. Der Preis hat vielmehr die Funktion, dem Verbraucher einen hohen Wert vorzutäuschen. Für die *Preisbindung der zweiten Hand* werden auch positive Argumente ins Feld geführt. So soll sie eine stabile Preispolitik und eine gleichbleibend gute Qualität sichern.

Neben diese Preisbindung der zweiten Hand treten die empfohlenen Richtpreise. Diese von den Herstellern empfohlenen Richtpreise, z. B. für Waschmaschinen und für Fernsehgeräte, sind so stark überhöht, daß es den Händlern ohne weiteres möglich ist, die Preisempfehlungen um 20, 30 oder auch 40 Prozent zu unterbieten. Gegen diese Art von Richtpreisen, die die Überschaubarkeit des Marktes (Markttransparenz) zerstören, man spricht auch von sogenannten Mondpreisen, beabsichtigt das Bundeskartellamt scharf vorzugehen.

4.1.3. Die Funktionsfähigkeit des Preissystems

Die Preise haben innerhalb der Volkswirtschaft die Funktion, die Produktionskosten widerzuspiegeln und den Einsatz der Produktionsfaktoren zu lenken. Hohe Preise sollen das Angebot vergrößern und die Nachfrage vermindern. Die wirtschaftlichste Verwendung der Produktionsfaktoren soll gesichert und damit das Sozialprodukt maximiert werden.

---

[20]) Diese Themen wurden vorgezogen, um die oligopolistische Preispolitik noch zu erläutern. Die Probleme werden erneut unter dem Gesichtspunkt der sozialen Marktwirtschaft erörtert.

Soll ein Preissystem diese Funktion durch den Leistungswettbewerb voll erfüllen, so sind oligopolistische Preispolitik (Beseitigung der Markteinsicht), Monopole, Kartelle, Konzerne und wettbewerbsfeindliche Steuern Fremdkörper innerhalb dieses Systems.

Wir haben bisher versucht, die Zusammenhänge von Angebot und Nachfrage vereinfachend darzustellen. Die Wirtschaft ist jedoch dynamisch und der Gestaltung unterworfen, und – damit verbunden – sinkt die Funktionsfähigkeit des Preissystems, denn die Verbraucherpreise reagieren in vielen Fällen nicht *„nachfragegerecht"*.

Das Beispiel des „Schweineberges" zeigte, daß das Preissystem nicht funktioniert.

Ein voll funktionierender Preiswettbewerb kann daher – zumindest als Ausgangskonzeption – für unsere Wirtschaftsordnung nicht unterstellt werden.

4.2. Bedeutung und Wirkungen des Geldes im Wirtschaftsablauf

4.2.1. Funktionen und Wert des Geldes

Bisher haben wir den Wirtschaftsablauf – zur Vereinfachung – nur güterwirtschaftlich dargestellt.

Der regelmäßige Tauschverkehr auf den Märkten, die zwischenbetriebliche Arbeitsteilung und die gegenseitige Abhängigkeit der Einzelwirtschaften (Sektoren) voneinander kennzeichnen den modernen Wirtschaftsablauf.

Die Bedeutung des *Geldes* liegt darin, daß es als Tauschmittel, Wertmaßstab (Rechenmittel) und gesetzliches Zahlungsmittel das grundlegende Organisationsinstrument der modernen Wirtschaft bildet, denn jeder Beitrag zum Sozialprodukt wird vorläufig mit Geld bezahlt. Somit ist das Geld das einzige, allseitig verwendbare Gut. Es stellt eine Drehscheibe dar, die nach allen Seiten hin einen Ausgang hat. Einerseits dient das Geld als Quittung über einen Beitrag zum Sozialprodukt (Summe der Güter und Dienste, die innerhalb einer Periode in einer Volkswirtschaft erzeugt werden), andererseits gilt es als Anweisung auf irgendwelche anderen Bestandteile des Sozialprodukts gleichen Wertes.

Über das Wesen des Geldes gibt es verschiedene Theorien.

a) Die Konventionstheorie erklärt das Geld auf Grund von Vereinbarungen (Konventionen) zwischen den am Wirtschaftsprozeß Beteiligten (z. B. Salz oder lebende Tiere).

b) Der Metallismus (Warentheorie des Geldes) betrachtet das Geld als eine Ware. Der Wert des Geldes hängt von seinem Stoffgehalt an Gold und Silber ab.

c) Die Nominalisten leiten den Wert des Geldes von seinem Nennwert ab.

d) Die Funktionstheorie erklärt den Geldwert von seiner Funktion her, die es ermöglicht, Kaufkraft abzuleiten.

Als Währung bezeichnet man die Geldverfassung eines Staates. Innerhalb des Staates erfüllt das Geld die Funktion als gesetzliches Zahlungsmittel.

Man kann verschiedene Währungsarten unterscheiden:

a) Monometallistische Währungen:

Hierbei beruht die Währung nur auf einem Edelmetall (z. B. Gold oder Silber).

Bei der Goldumlaufwährung sind die Goldmünzen, die sich im Umlauf befinden, Zahlungsmittel, während Silber- und Kupfermünzen nur als Kleingeld Verwendung finden.

Bei der Goldkernwährung wird die Währung durch Goldvorräte und Handelswechsel (eventuell auch Devisen) gedeckt. Papiergeld und Münzen befinden sich im Umlauf. Die Notenbanken haben jedoch die Einlösungspflicht von Noten gegen Gold.

Bei der Goldrandwährung erfolgt nur mit dem Ausland ein Goldausgleich, wie bei der Goldkernwährung, im Inland herrscht jedoch die freie Währung, d. h. keine Umtauschpflicht.

b) Bimetallistische Währungen: Hier ist die Währung auf zwei Metallen z. B. Gold und Silber aufgebaut. Dabei besteht bei der Doppelwährung zwischen beiden eine Austauschrelation. Diese kann sich jedoch durch die Spekulation ändern, so daß es zu einem Abfluß von Gold kommt und somit das schlechte Geld (Silber) das gute Geld (Gold) verdrängt. Diesen Zusammenhang erkannte zuerst Gresham. Man spricht deshalb vom Greshamschen Gesetz. Bei der Parallel-Währung gibt es auch zwei Währungsmetalle, es besteht jedoch kein festes Wertverhältnis.

c) Die Papierwährung: Sie wird auch freie Währung genannt. Hier entscheiden die Wechselkurse über den äußeren Geldwert. Bei einer Devisenzwangswirtschaft wird der äußere Geldwert reguliert, nur auf dem freien Markt bilden sich inoffizielle Preise. Innerhalb des Systems der Wechselkurse, das noch ausführlich im Exkurs behandelt wird (s. Seite 96 f.), unterscheidet man freischwankende Wechselkurse, innerhalb einer Bandbreite schwankende Wechselkurse und feste oder fixe Wechselkurse.

Unter innerem Geldwert verstehen wir die Kaufkraft des Geldes. Der Geldwert kann jedoch nicht unmittelbar erfaßt werden, er kommt in seinem Spiegelbild, den Preisen, zum Ausdruck. Je höher das Preisniveau ist, desto geringer ist die Kaufkraft des Geldes und umgekehrt. Um festzustellen, ob die Kaufkraft des Geldes gesunken ist, muß man die Preisniveaus verschiedener Jahre vergleichen. Hier begnügt man sich meistens mit repräsentativen Indizes, z. B. dem Lebenshaltungskostenindex. Ihm liegt zur Messung der Kaufkraft ein „Warenkorb" zugrunde. Dieser enthält den Bedarf eines mittleren Arbeitnehmerhaushalts zu den jeweils gültigen Preisen. Vergleicht man die Kaufkraft des Geldes mit Hilfe des Lebenshaltungskostenindex, so kann man feststellen, daß die Preise ansteigen, wenn der Inhalt des Warenkorbes von Jahr zu Jahr teurer wird, daß somit der Wert des Geldes sich verschlechtert. Da man hier ständig Preise vergleicht, sollte man nicht vom Lebenshaltungskostenindex, sondern besser vom Lebenshaltungskosten-Preisindex sprechen.

Die auf diesem Wege gewonnene Analyse des Geldwertes zeigt jedoch nur relativ richtige Ergebnisse, daß sich der *Inhalt des Warenkorbs* ständig ändert. Der letzte Warenkorb stammt aus dem Jahre 1962. Wer aber lebt heute noch so, wie vor neun Jahren? Alle, die inzwischen ein größeres Auto gekauft haben, oder ein Farbfernsehgerät, ändern ihren Haushaltsplan, da zusätzliche, oft neuartige Ausgaben entstehen. Die Statistik hinkt jedoch nach, denn der Warenkorb wird nicht jährlich festgestellt.

Außerdem ist von der technischen Konzeption her ein Auto des Jahres 1962 nicht unbedingt mit einem Auto des Jahres 1971 vergleichbar. Der technische Fortschritt muß aber auch berücksichtigt werden.

4.2.2. Die Wirkungen des Geldes

Die wirksame Geldmenge bestimmt das Preisniveau (Kaufkraft) der Gesamtwirtschaft und damit die Größen: Einkommen, Verbrauch und Ersparnis. Die wirksame Geldmenge ergibt sich aus: *Bargeld, Buchgeld, Umlaufgeschwindigkeit* und *Handelsvolumen.*

Der prinzipielle Zusammenhang läßt sich in der Quantitätsformel darstellen:

$$P = \frac{G \times U + G_1 \times U_1}{H}$$

P = Preisniveau
G = Menge des baren Geldes
U = Umlaufgeschwindigkeit des baren Geldes
U_1 = Umlaufgeschwindigkeit des Buchgeldes (Giralgeld)
G_1 = Menge des Buchgeldes (Giralgeld)
H = Handelsvolumen (Summe aller erzielten Preise der verkauften Güter einer Volkswirtschaft in einer Periode)

Die Umlaufgeschwindigkeit des Geldes ist die Häufigkeit, mit der eine Geldeinheit in einer bestimmten Zeit am Markt gegen Ware umgesetzt wird. Sie wirkt am Markt in gleicher Weise, wie die Geldmenge.

Die Quantitätsgleichung hat jedoch den Nachteil, daß ihre Größen sich noch nicht alle exakt bestimmen lassen. So läßt sich z. B. die Umlaufgeschwindigkeit des Bargeldes – im Gegensatz zum Giralgeld – auch für die Zukunft nur schätzen.

Wie wir bei der dynamischen Preisbildung feststellen, passen sich die Preise nicht schlagartig an, sondern allmählich und mit unterschiedlicher Geschwindigkeit. So kann sich erst bei langfristiger Betrachtung der dargestellte ursächliche Zusammenhang ergeben.

Das Einkommen der Haushalte (E) wird – sofern nicht gehortet wird – für Konsumgüter (C) und Investitionen (I) ausgegeben. Die Ausgaben werden jedoch wieder zu Einkommen, die erneut ausgegeben werden und wieder Einkommen bilden. So kann man den Lauf des Geldes, das das Preisniveau beeinflußt, in der zeitlichen Einkommensfolge darstellen (Sequenzanalyse). Man spricht hier vom Gesetz der zeitlichen Einkommensfolge.

Die Wirkungen des Geldes (vor allem des Buchgeldes oder zusätzlichen Kredits) sollen an einer kritischen Betrachtung der Sparquote dargestellt werden. Ein Nachlassen der Verbrauchsnachfrage müßte – güterwirtschaftlich betrachtet – automatisch ein Sinken der Konsumgüterpreise bewirken. Ob dies der Fall ist, soll untersucht werden.

4.2.3. Kritische Betrachtung der Sparquote

Das *Einkommen* der privaten Haushalte (verfügbares Einkommen) zerfällt in *Verbrauch* und *Ersparnis*. Unter *Sparquote* verstehen wir die laufende Ersparnis in v. H. des verfügbaren Einkommens. Die nachstehende Tabelle zeigt die Entwicklung der drei Größen: Einkommen, Verbrauch und Ersparnis in den Jahren 1968, 1969 und 1970 auf.

Einkommen, Verbrauch und Ersparnis der privaten Haushalte[21]

Positionen:	Absolute Zahlen in DM Mrd.			Veränderung gegen Vorjahr in v. H.	
	1968	1969	1970	1969	1970
1. Bruttolöhne und Gehälter	236,3	265,0	310,5	+12,2	+17,2
2. — Abzüge (Steuern u. Sozialversicherung)	–45,5	–54,5	–69,4	+19,8	+27,4
3. = Nettolöhne und Gehälter =	190,8	210,5	241,1	+10,4	+14,5
4. + Öffentliche Einkommensübertragungen (Sozialversicherung, Fürsorge u. Pensionen) — Übertragungen der privaten Haushalte an den Staat - saldiert -	70,6	76,1	81,7	+ 7,8	+ 7,3
5. = Masseneinkommen	261,4	286,7	322,8	+ 9,7	+12,6
6. + Privatentnahmen der Selbständigen u. Einkommen der Haushalte aus Geld- u. Sachvermögen	83,4	97,9	107,5	+17,4	+ 9,8
± Saldo der Übertragungen an das Ausland	– 2,9	– 3,8	– 5,6	+32,5	+44,9
7. = Verfügbares Einkommen (5. + 6.) verwendet für:	341,9	380,7	424,7	+11,4	+11,6
Verbrauch	301,1	333,6	372,1	+10,8	+11,6
Ersparnis	40,8	47,2	52,6	+15,7	+11,6
8. = *Sparquote i. v. H. v. 7.*	11,9	12,4	12,4	+ 0,5	± 0

Die Tabelle zeigt, daß die Nettolöhne und Gehälter wesentlich stärker angestiegen sind als die öffentlichen Einkommensübertragungen (Renten, Pensionen usw.). Die Sparquote, die im ersten Halbjahr 1970 nur 10 % betrug, erhöhte

---

[21] Monatsberichte der Deutschen Bundesbank, 23. Jahrgang, Nr. 2, Februar 1971, S. 52, Druckerei Otto Lembeck, Frankfurt/Main und Butzbach.
(Abweichungen in den Summen durch Runden der Zahlen)

sich für 1970 wieder auf insgesamt 12,4 % (wie 1969), wobei das 624-DM-Gesetz eine Rolle spielen dürfte. Die hohe Sparquote zeigt die Bedeutung des Sparens für unsere Volkswirtschaft an. Daher wollen wir uns einer kritischen Betrachtung der Sparquote zuwenden.

Sparen bedeutet Konsumverzicht. Unter diesem Gesichtspunkt muß die Nachfrage der privaten Haushalte, der Verbrauch, in dem Maße kleiner werden, in dem mehr gespart wird (verminderte Wachstumsrate). Dies müßte auf lange Sicht – güterwirtschaftlich – ein Sinken oder bei wirtschaftlichem Wachstum zumindest ein Stagnieren der Konsumgüterpreise zur Folge haben, da dem Konsumgüterangebot eine relativ verringerte Nachfrage der Haushalte gegenübersteht.

Ist es jedoch möglich, Preissteigerungen für Konsumgüter durch eine Erhöhung der Sparquote zu vermeiden?

Die Wirkung der erhöhten Sparquote auf die Konsumgüterpreise in der vollbeschäftigten Wirtschaft ist von der Verwendung der gesparten Mittel abhängig.

In unserer modernen arbeitsteiligen Wirtschaft fallen Sparer und Investoren nicht mehr zusammen. Die Kreditinstitute haben hier eine Mittlerrolle übernommen.

Gewähren die Kreditinstitute nur ursprünglichen Kredit, d. h. geben sie nicht mehr Kredite aus, als Spareinlagen vorhanden sind, dann ist eine Konsumgüterpreissenkung auf lange Sicht möglich. Es tritt dann nur eine Nachfrageverschiebung ein, das gesamte Preisniveau aber wird sich ausgleichen. Werden durch das Sparen weniger Konsumgüter nachgefragt, so werden auf der Angebotsseite weniger Produktionskräfte beansprucht, als vorhanden sind, um den Konsumbedarf (Konsumgüterindustrie) zu decken, es kommt also zu einer Freisetzung von Produktionskräften, die dann im Produktionsmittel-Sektor (Investitionsgüterindustrie) eingesetzt werden können, um hier den Engpaß in der Frage der Arbeitskräftebeschaffung abzubauen.

Anders liegt der Fall, wenn die Banken zusätzlichen Kredit gewähren. Die Zentralisierung des Bank- und Sparkassenwesens erhöht jedoch gerade die Fähigkeit der Kreditinstitute, Buchgeld zu schöpfen.

Aus der Erfahrung heraus, daß nur über einen geringen Teil der eingelegten Mittel durch die Sparer verfügt wird, behalten die Kreditinstitute lediglich eine Bardeckungsquote ein. Darüber hinaus wird eine Vorsichtsquote berücksichtigt, da auch über die Bardeckungsquote hinaus Abhebungen vorgenommen werden können. Durch die Mindestreservepolitik sind die Institute verpflichtet, Mindestreserven bei der Zentralbank (Deutsche Bundesbank) zu halten. Durch eine Erhöhung der Mindestreservesätze kann die Buchgeldschöpfung jedoch beeinflußt werden.

Buchgeld wird durch die Wirkung des *Kreditschöpfungsmultiplikators* (Vervielfältigungsprinzip) geschöpft.

Nehmen wir an, bei 100 DM Ersparnissen betragen

Bardeckungsquote	10 %
Vorsichtsquote	5 %
Mindestreservesatz	10 %
insgesamt	25 %,

so wird der *Kreditschöpfungsmultiplikator* aus dem reziproken (umgekehrten) Wert des Mindestreservesatzes + Bardeckungs- und Vorsichtsquote errechnet.

Zu unserem Falle 1 : $\frac{25}{100} = 1 : \frac{1}{4} = 4$

Der Multiplikator ist gleich 4, d. h. für 100 DM Ersparnisse können 400 DM Kredit ausgegeben werden, das entspricht einem zusätzlichen Kredit von 300 DM.

Durch diese Buchgeldschöpfung wird ein zusätzlicher Kredit geschaffen; er verursacht eine Veränderung der Kaufkraft, da die umlaufende Geldmenge absolut erhöht wird, ohne daß sich die Gütermenge vorläufig ändert.

An diesem Beispiel erkennen wir, daß die Menge des umlaufenden Geldes in entscheidender Weise die *Kaufkraft* des Geldes beeinflußt, und zwar in der Weise, daß eine Vermehrung der Geldmenge die Kaufkraft senkt (Inflation), eine Verminderung sie hebt (Deflation).

Die Folge ist, daß im Produktionsmittel-Sektor höhere Löhne gezahlt werden müssen, um Arbeitskräfte zu gewinnen. Die Preise werden aber von diesen Lohnsteigerungen nicht unberührt bleiben, sie werden steigen, da die Lohnerhöhungen Kostensteigerungen bedeuten, die die Unternehmer im Preis auf die Verbraucher abwälzen.

Die Lohn- und Preissteigerungen dehnen sich durch die ökonomische Interdependenz (gegenseitige Abhängigkeit) vom Produktionsmittel-Sektor auf die anderen Sektoren, also auf die Gesamtwirtschaft aus.

Wenn die Spareinlagen in der oben aufgezeigten Weise verwendet werden, kann durch eine Erhöhung der Sparquote eine Preissteigerung für Konsumgüter nicht vermieden werden, da die Kreditinstitute von der Buchgeldschöpfung nicht abgehen werden.

So bewirkt eine steigende *Sparquote* nicht unbedingt eine Verringerung der Konsumentenkaufkraft. Erst wenn Teile des verfügbaren Einkommens weder verbraucht werden, noch zusätzliches Buchgeld über die Kreditinstitute in der Produktion Verwendung findet, tritt ein Defizit an Konsumentenkaufkraft auf, das sich auf die Konsumgüter preissenkend auswirkt.

Der dargestellte Fall kennzeichnet die Bedeutung und die Wirkungen des Geldes unter Berücksichtigung der Größen *Einkommen, Verbrauch und Ersparnis*.

4.3. Die Wirtschaftssysteme und die „Soziale Marktwirtschaft"

4.3.1. Zentralverwaltungswirtschaft und liberale Marktwirtschaft

Zentralverwaltungswirtschaft und liberale Marktwirtschaft sind Grenzfälle der Wirtschaftstheorie. Auch die total gelenkte Wirtschaft der UdSSR kennt den „sozialistischen Wettbewerb" der Betriebe und den „freien Markt" für die Ablieferungsüberschüsse der Bauern.

Planung und Wettbewerb sind keine Gegensätze, sie ergänzen sich vielmehr, denn auch in der Marktwirtschaft wird geplant. Die Planung kann jedoch den Markt nicht ersetzen. Die Haushalte stellen Pläne auf, die Betriebe arbeiten mit der Plankostenrechnung. Oder denken wir nur an den „Grünen Plan" zur Strukturverbesserung in der Landwirtschaft.

Volkswirtschaftliche Gesamtrechnung und vorausschauende Planung des Nationalbudgets lassen sich auch in eine Marktwirtschaft einordnen.

Die zentrale Kommandowirtschaft der UdSSR ist nicht in erster Linie auf die bestmögliche Versorgung der Verbraucher abgestellt, es handelt sich vielmehr um andere – politische – Zielsetzungen (Schwerindustrie, Rüstung usw.). Deshalb ist die Frage nach dem Wirtschaftssystem, das es zu verwirklichen gilt, eine politische Frage, sie hat somit ordnungspolitischen Charakter.

Auch die reine Marktwirtschaft im liberalen Sinne ist abzulehnen, denn in einer Wirtschaft, die nur um den Markt zentriert ist, ist für soziale Gesichtspunkte kein Platz.

Aus diesen Überlegungen heraus entstand der Ordnungs-(Ordo-)Liberalismus, der einen dritten Weg sucht. Auf den Gedanken der Vertreter dieser Schule aufbauend, entstand die *Soziale Marktwirtschaft.*

Die Aufgabe innerhalb dieses Aufsatzes besteht darin, die „Soziale Marktwirtschaft", ihre Entstehung und Weiterentwicklung zu kennzeichnen.

4.3.2. Der Ordo-Liberalismus (Freiburger Schule)

Wir können an dieser Stelle nicht umfassend die ordo- oder neoliberale Bewegung darstellen, wir wollen jedoch versuchen, einige Merkmale des Ordo-Denkens darzustellen, für das die Ordnung in Wirtschaft und Gesellschaft das zentrale Problem bildet.

Die Begründer *Walter Eucken, Leonhard Miksch* und *Franz Böhm* waren gleichzeitig Professoren der Volkswirtschaftslehre an der Universität Freiburg im Breisgau, deshalb bezeichnet man diese Richtung auch als Freiburger Schule. Zu den Vertretern des Neoliberalismus zählen jedoch auch *Müller-Armack, Röpke, Hayek, Rüstow, Erhard, Schiller* u. a. m.

Im Gegensatz zum wirtschaftlichen Liberalismus alter Prägung glaubt man nicht an die unsichtbare Hand, die den Wirtschaftsablauf automatisch ordnet. Der Staat hat nicht die Rolle eines Nachtwächters, er betreibt vielmehr eine aktive Ordnungspolitik; aus der Naturordnung der Wirtschaft wird eine staatliche Veranstaltung.

Der Wettbewerb als regulierendes Prinzip nimmt im Ordo-Denken einen zentralen Platz ein. Die wirtschaftliche Macht wird durch die Politik der Wettbewerbsordnung verringert. *Walter Eucken* zeigt in seinen Grundsätzen der Wirtschaftspolitik auf, welche Voraussetzungen ein derartiges Ordnungssystem erfüllen muß[22]).

1. Ein funktionsfähiges Preissystem der vollständigen Konkurrenz, wie wir es darstellten, ist zu schaffen.
2. Die Währung muß stabil gehalten werden.
3. Der freie Zugang zu den Märkten ist zu gewährleisten.
4. Die Wirtschaftspolitik des Staates muß beständig sein.
5. Es muß Privateigentum an den Produktionsmitteln bestehen, das durch den Wettbewerb kontrolliert wird.
6. Die Vertragsfreiheit muß gewährleistet sein, sie muß jedoch durch die Monopolkontrolle beschränkt werden.
7. Für die Haftung soll der Grundsatz gelten: Wer den Nutzen hat, soll auch den Schaden tragen.

Neben diese grundlegenden oder konstituierenden Prinzipien treten die regulierenden Prinzipien. Im Mittelpunkt des Ordo-Liberalismus steht der *Kampf gegen die Monopole,* weil sie den freien Leistungswettbewerb verfälschen. Ebenso soll die Steuerpolitik einer Umverteilung (Redistribution) der Einkommen dienen, die am Markte anfallen. Auch strukturverbessernde Maßnahmen werden positiv beurteilt.

Durch alle diese Maßnahmen werden folgende Ziele angestrebt:

- *Vollbeschäftigung*
- *Preisstabilität*
- *ausgeglichene Zahlungsbilanz*
- *Steigerung des Lebensstandards*
- *sozial gerechte Einkommensverteilung*

Dieses magische Fünfeck kann angestrebt, aber nie ganz erreicht werden, denn es kommt zu *Zielkonflikten,* die im Exkurs (Seite 93 f.) – innerhalb des *magischen Vierecks* – näher erläutert werden. Das fünfte Ziel, die sozial gerechte Einkommensverteilung wird dort ausgeklammert.

4.3.3. Die „s o z i a l e Marktwirtschaft"

4.3.3.1. Ausgangspunkte und Aufgaben (Vermögensbildung)

Die „soziale Marktwirtschaft" wurde im wesentlichen durch die Gedanken des Ordo-Liberalismus geprägt. Was kennzeichnet jedoch die Ordnungsform, besonders im Hinblick auf den Begriff „sozial"? Prof. Dr. *Ludwig Erhard* sagt hierzu[23]):

„Sozial ist meiner Meinung nach eine ökonomische Ordnung dann, wenn sie einmal dem Tüchtigen eine bessere Chance bietet als dem Untüchtigen und wenn ferner jeder Fortschritt organisatorischer oder technischer Art sich nicht in

---

[22]) Walter Eucken, Grundsätze der Wirtschaftspolitik, Tübingen 1955, S. 225 ff.
[23]) Erhard, L., Die soziale Marktwirtschaft, in: Ordnungsprobleme der Wirtschaft, Wien 1957, S. 15.

dauernden Renten niederschlagen kann, vielmehr in besserer Leistung oder in einem niedrigeren Preis an die Verbraucher weitergegeben wird."

Die „soziale Marktwirtschaft" erhält ihre Bezeichnung nicht daher, daß sie dem kapitalistischen System sozial erscheinende Elemente aufpfropft. Sie weist vielmehr eine veränderte innere Ordnung auf, die von ihren Grundlagen her auf natürlichem Wege eine Übereinstimmung dessen herbeiführt, was wirtschaftlich und sozial erstrebenswert ist.

Zweifelsohne hat die „soziale Marktwirtschaft" eine Konzeption, die es zu verwirklichen gilt. Zwei Gesichtspunkte werden innerhalb der „sozialen Marktwirtschaft" besonders betont: Einmal die Herrschaft des Verbrauchers und zum anderen die Ablehnung der Zusammenballung wirtschaftlicher Macht. Der soziale Charakter soll darin zum Ausdruck kommen, daß die soziale Marktwirtschaft von der Ungleichheit der Startchancen Kenntnis nimmt und sich bemüht, diese Ungleichheit nach Kräften auszugleichen. Die Wirtschaft wird als politische Aufgabe gesehen.

Sinn der sozialen Marktwirtschaft ist es, „das Prinzip der Freiheit auf dem Markte mit dem des sozialen Ausgleichs zu verbinden"[24]). Diese Ordnungsform hat ihre Bewährungsprobe jedoch noch lange nicht bestanden, denn ein hoher Lebensstandard schließt ein soziales Unbehagen nicht aus. Eine Ordnung wird unter demokratischen Verhältnissen nur dann bestehen, wenn soziale Gerechtigkeit herrscht, wenn der Mensch das Bewußtsein hat, daß diese Ordnung nicht auf besondere Vorteile einer Minderheit gerichtet ist, sondern daß sie das bietet, was der Kommunismus heuchlerischerweise verspricht[25]).

Die Politik der „sozialen Marktwirtschaft" bleibt jedoch nicht beim Ordo-Liberalismus stehen, sie ist nicht dogmatisch, vielmehr befindet sie sich ständig im Fluß. So stellt z. B. die Forderung nach einer „breiten Eigentumsstreuung" eine Änderung in der Einstellung zum Eigentumsbegriff des Ordo-Liberalismus dar, der dieser Möglichkeit keine große Bedeutung beigemessen hat. Durch eine breite Streuung des Eigentums an den Produktionsmitteln (VW-Aktien usw.) soll der Unterschied zwischen den „Klassen im sozialistischen Sinne" völlig beseitigt werden. Die Arbeitnehmer sollen durch das Eigentum an den Produktionsmitteln unmittelbar am Gedeihen der Privatwirtschaft interessiert und sozial gesichert werden.

Die breite Eigentumsstreuung – auch an Produktivgütern – soll durch Vermögensbildung bei den Arbeitnehmern verwirklicht werden.

Die fehlende „Vermögensbildung in Arbeitnehmerhand" wird nicht nur von gewerkschaftlicher Seite kritisiert. Es sind vor allem der linke Flügel der CDU/CSU und christliche Sozialpolitiker, die auf eine Lösung dieses Problems drängen, da sich die Vermögensunterschiede der Tendenz nach verstärken[26]).

---

[24]) Müller-Armack, Art.: Soziale Marktwirtschaft, in: Handwörterbuch der Sozialwissenschaften, Bd. IX, Stuttgart 1956, S. 390.
[25]) v. Nell-Breuning, O., Wirtschaft und Gesellschaft heute, Bd. II, Zeitfragen, Freiburg/Br. 1957, S. 400.
[26]) Vermögensbildung für jedermann, eine neue Denkschrift ev. und kath. Theologen zur Eigentumspolitik in: Frankfurter Allgemeine Zeitung vom 15. 1. 64, S. 12.

Der Gedanke einer „breiten Eigentumsstreuung" steht durchaus nicht im Gegensatz zum Privateigentum an Produktivgütern. Es soll hier nur ein Satz der Enzyklika Mater et Magistra zitiert werden: „Doch es genügt nicht, den natürlichen Charakter des Rechts auf Privateigentum, auch an Produktivgütern, zu behaupten, man muß zugleich nachdrücklich auf seine wirksame Streuung unter alle sozialen Schichten drängen"[27].

Eine ganze Reihe gesetzlicher Maßnahmen fördert die Eigentumsbildung durch Sparanreize. Dazu gehören das Wohnungsbau- und das Sparprämiengesetz, die steuerliche Förderung des Lebensversicherungssparens, die Ausgabe von Volksaktien und das sog. 312-DM-Gesetz (Gesetz zur Förderung der Vermögensbildung der Arbeitnehmer), das jedoch bisher nur sehr zurückhaltend angewandt wurde, da es nicht tariffähig war (heute 624-DM-Gesetz).

Die Sparanreize allein genügen nicht, der unterschiedlichen Vermögensstruktur entgegenzuwirken, da jedes Sparen im engeren Sinne Konsumverzicht voraussetzt und dieser allein – wie wir sahen – nicht genügt, das Preisniveau stabil zu halten.

Ein großer Teil der Arbeitnehmer hat eine zu geringe Sparfähigkeit und kann die Sparschwelle nur in wenigen Fällen überschreiten, wenn er den gesamten Sparbetrag selbst aufbringen muß.

Die Tariffähigkeit des 624-DM-Gesetzes (3. Vermögensbildungsgesetz)[28] bietet einer relativ großen Zahl von Arbeitnehmern die Möglichkeit, in den Genuß der Gesetzeswirkungen zu kommen, wenn weitere Vereinbarungen in den Tarifverträgen getroffen werden. Es handelt sich hier um eine sozialpolitische Grundsatzentscheidung ersten Ranges.

Der Sparkassen- und Giroverband[29] meldet, daß sich im Jahre 1970 die Zahl der Sparverträge, die auf vermögenswirksame Leistungen eingezahlt wurden, um 3,4 Mill. erhöht und damit mehr als verdoppelt hat. Der Durchbruch ist durch die Tariffähigkeit der Leistungen gelungen.

Voigt[30] kommt in seiner Kritik an der sozialen Marktwirtschaft zu dem Ergebnis: „Der marktwirtschaftliche Lenkungsmechanismus funktioniert nicht." Er funktioniert noch, aber nicht gut, weil man, wie bereits ausgeführt, die Lösung verschiedener Probleme vernachlässigt hat. Die Vermögenskonzentration in der Bundesrepublik ist ein Skandal, soweit es sich um *Produktionsmittel* handelt. Das Bild wandelt sich jedoch, wenn man das *Sozialkapital* (Ansprüche der Arbeitnehmer an die Rentenversicherungsträger) und das *Sachkapital* (Eigenheime oder Eigentumswohnungen usw.) in die Analyse miteinbezieht. *Voigt*[31] glaubt, daß das die logische Folge der verzerrten Einkom-

---

[27] Die Sozialenzyklika des Papstes Johannes XXIII., Mater et Magistra, Freiburg 1961, S. 63 ff.
[28] in der Fassung der Bekanntmachung v. 27. 6. 70 (BGBl. I, S. 930).
[29] Die Vermögensbildung hat sich bewährt, in FAZ v. 6. 7. 71, Nr. 152, S. 13.
[30] Voigt, K., Funktionsanalyse der Marktwirtschaft, in: Marktwirtschaft, die Zeitschrift für Wettbewerbspolitik u. Wettbewerbspraxis, S. 6 f.
[31] Voigt, K., a.a.O., S. 7.

mensverteilung die skandalöse Vermögensverteilung sei. Dabei unterläuft ihm jedoch ein Trugschluß, denn bei den Unselbständigen beträgt die marginale Sparquote 13 %, die sich im Laufe der Jahre als ziemlich konstant erwiesen hat[32]).

Für die Vermögensbildung müssen daher andere Wege gefunden werden. Es seien hier vier Gruppen von Plänen kurz erörtert. Der interessierte Leser wird auf die einschlägige Literatur (s. unten) verwiesen.

1. *Beteiligungslohnpläne: Burgbacher*[33]), *Häußler*[34]) und *Dräger/Schreiber*[35]).

2. *Gewinnbeteiligungspläne: Gleitze*[36]), *Krelle*[37]) und *Friedrich*[38]).

3. *Vorschläge von Regierungskommissionen* (1969), die immer wieder leicht variiert angeboten werden[39]):
   a) Belegschaftsaktien oder Fonds auf freiwilliger Beteiligungsgrundlage
   b) Tarifvertragliche Vereinbarungen
   c) Investmentfonds mit einmaliger gesetzlicher Einzahlungspflicht
   d) Gesetzliche Verpflichtung der Unternehmer einen betimmten Betrag je Arbeitnehmer in einen Fonds einzuzahlen

4. *Vorschläge auf steuerlichem Gebiet:*
   a) Vorschlag der Arbeitsgemeinschaft selbständiger Unternehmer (ASU[40])
   b) *Osswald*-Plan[41])
   c) *Stützel*-Plan[42])

Neuerdings steht die auslaufende Investitionssteuer als Instrument der Vermögensbildung zur Diskussion.

Der Lastenausgleich, der soziale Wohnungsbau und der Ausbau des Sozialversicherungssystems sind Beweise für die Leistungsfähigkeit der Wettbewerbsordnung. Die Leistungen sind jedoch nur durch die Verwirklichung ordnungspolitischer Zielsetzungen möglich gewesen.

---

[32]) Helmstädter, Mittelfristiges Prognosemodell für die Volkswirtschaft in der Bundesrepublik, in: Der Volkswirt, Nr. 15, 1969, S. 35.
[33]) Burgbacher, F., Warum Beteiligungslohn? in: Rheinischer Merkur, Nr. 29 v. 19. 7. 1968, Handelsblatt, Nr. 156 v. 18. 8. 1969.
[34]) Häußler-Plan, Industriekurier v. 26. 4. 1969.
[35]) Schreiber, Soziale Ordnungspolitik heute und morgen, Stuttgart 1968.
[36]) Gleitze, B., Sozialkapital u. Sozialfonds als Mittel der Vermögenspolitik, WWI-Studien, Nr. 1, Köln 1968, S. 38 ff.
[37]) Krelle u. a., Überbetriebliche Ertragsbeteiligung der Arbeitnehmer, Tübingen 1968
[38]) Friedrich, Vermögensbildungsplan, in: Industriekurier, Nr. 88, v. 8. 6. 68.
[39]) Arbeitsgruppe Vermögenspolitik (BMA, BMW u. BMF): Vermögenspolitik in einer wachsenden Wirtschaft, Bonn, Juni 1969.
[40]) ASU: Die Aussprache, Heft 11/1967, S. 309 ff.
[41]) Osswald, in Handelsblatt v. 25. 11. 1968.
[42]) Stützel, W., Steuersystem u. Kapitalverkehr, in: die Aussprache, Heft 5/1966 S. 135 ff.

4.3.3.2. Das Konzentrationsproblem

Will man den *Begriff Konzentration* ganz allgemein und vorsichtig definieren, so kann man sagen, daß die Umsatzanteile der „größten" Unternehmungen weit stärker wachsen als die der kleinen Unternehmungen oder, daß der Einkommenszuwachs in den oberen statistischen Einkommensklassen weit stärker ist als in den unteren.

Die Konzentration der Produktion in monopolistischer oder zumindest oligopolistischer Weise und die Akkumulation (Anhäufung) des Kapitals in den Händen einiger weniger „Kapitalisten" wird bereits von *Karl Marx* vorausgesagt[43]).

In diesem Zusammenhang muß zwischen Betriebskonzentration (technisch bedingt), Unternehmungskonzentration (wirtschaftlich bedingt) und Vermögenskonzentration unterschieden werden.

Die Konzentration ist zuerst eine wirtschaftliche und erst in zweiter Linie eine technische Erscheinung. Besonders das frühere Umsatzsteuerrecht mit seinem Anhäufungseffekt (Kumulationseffekt) (auf jeder Zwischenstufe 4, 1667 %) förderte die Unternehmungskonzentration. Die wettbewerbsneutrale Mehrwertsteuer soll hier Abhilfe schaffen, da nur noch der Mehrwert auf jeder Stufe besteuert wird.

Untersucht man die Wirkungen der Konzentration, so wäre es falsch, hier ein summarisches Urteil abgeben zu wollen. Die negativen Auswirkungen der Konzentration auf den Wettbewerb sind jedoch augenscheinlich.

Die fortgesetzte Konzentration führt zu Marktmacht, die die Wirtschaftsordnung der sozialen Marktwirtschaft außer Kraft setzt, da sie eine oligopolistische oder monopolistische Beherrschung der Märkte mit sich bringt. Selbst das Bundeskartellamt stellt fest, daß eine Aushöhlung des Leistungswettbewerbs durch den Monopolisierungsgrad des Marktes wahrscheinlich ist[44]).

Aus dieser Erkenntnis heraus hat der Ordo-Liberalismus den *Anti-Monopolismus* in den Mittelpunkt seines ganzen wirtschaftlichen Systems gestellt.

Das kapitalistische Privat-Eigentum ist mit wirtschaftlicher Macht gekoppelt. Die Koppelung kann jedoch dadurch beseitigt werden, daß man dem Individuum das Eigentum zugesteht, nicht jedoch die damit verbundene Macht. Dies ist ein Weg, den man beschreiten kann (z. B. Reform des Depotstimmrechts innerhalb der Aktienrechtsreform).

Ziel einer wirkungsvollen Monopolkontrolle ist es, „die Träger wirtschaftlicher Macht zu einem Verhalten zu veranlassen, als ob Wettbewerb bestünde"[45]).

Ein Monopol zeitigt nicht in allen Fällen negative Wirkungen. Die Kostenstruktur eines Monopolisten kann günstiger liegen, als die aller übrigen Wettbewerber. So kann z. B. ein Straßenbahnbetrieb für den Personen-Transportbedarf einer Stadt ausreichen; die Omnibuskonkurrenz würde teurer arbeiten. Die Eigentumskonzentration muß im Zusammenhang mit der „gerechten Ein-

---

[43]) Marx, K., Kapital Bd. I, S. 566.
[44]) Bericht des Bundeskartellamtes, Bundestagsdrucksache 1000 vom 25. 4. 1959, S. 61.
[45]) Eucken, W., Grundsätze ..., a.a.O. S. 295.

kommensverteilung" gesehen werden. Solange die Selbstfinanzierung über den Preis vorherrscht, bezeichnen auch Vertreter des Ordo-Liberalismus die Einkommensverteilung als nicht gerecht. Aus diesem Grunde ist zumindest eine Umverteilung (Redistribution) der Markteinkommen über die öffentlichen Haushalte notwendig, denn Sinn der „sozialen Marktwirtschaft" ist es, das Prinzip der Freiheit auf dem Markt mit dem des sozialen Ausgleichs zu verbinden[46]).

Die Stärke des Konzentrationsvorganges, der durch die Vernichtung der Konkurrenz zum Monopol führt, ist abhängig von der Ordnungsform, die dem jeweiligen Wirtschaftssystem zugrunde liegt. Hierbei entfalten sich innerhalb einer gesetzten Ordnung Kräfte, die den Wettbewerb stärken und einer Monopolisierungstendenz entgegenwirken.

4.3.3.3. Das Gesetz gegen Wettbewerbsbeschränkungen

Das Gesetz gegen Wettbewerbsbeschränkungen (Kartellgesetz) wird, obwohl es sehr weitgehende Zugeständnisse enthält, als ein „Grundgesetz" der „Sozialen Marktwirtschaft" bezeichnet, denn es soll der Monopolisierung einen Riegel vorschieben. Es bietet die Möglichkeit, mißbräuchliche Anwendung von Monopolmacht zu verhindern.

Das Gesetz beruht auf dem Verbotsprinzip, dem die theoretische Konzeption des vollständigen Wettbewerbs zugrunde liegt. Dieser vollständige Wettbewerb muß jedoch funktionsfähig sein. Die Funktionsfähigkeit des Wettbewerbs muß jedoch angezweifelt werden, da die angedeutete oligopolistische Preispolitik, die Preisbindung der zweiten Hand, die Steuerpolitik und der bestehende Monopolisierungsgrad den Wettbewerb stark einschränken.

Vom Kartellgesetz selbst wird die Verkehrswirtschaft ausgenommen. Ebenso sind die Versorgungsbetriebe ausgeschaltet. Die Banken, Versicherungen und Bausparkassen unterliegen lediglich einer Fachaufsicht, die kaum Einflußmöglichkeiten bei der Kartellierung hat.

Die Ausnahmen waren bei der Beratung der Gesetze lange umstritten. Doch blieb es dabei, daß die Kartellbehörden in Verbindung mit den Fachaufsichtsorganen lediglich die *Mißbrauchsaufsicht* durchzuführen haben.

Entgegen der Monopolisierungstendenz wirken verschiedene Momente unserer gültigen Wirtschaftsordnung jedoch auch auf eine Stärkung des Wettbewerbs hin.

Ein gutes Beispiel hierfür war der „graue Markt" für Spirituosen, Waschmittel und Schokolade. Die gebundenen Preise hatten sich durch die überhöhten Spannen im Handel weit von den eigentlichen Marktpreisen entfernt, der sog. Beziehungsmarkt entstand und hielt sich so lange, bis die Preisbindung fiel, weil die Lückenlosigkeit des Preissystems nicht mehr nachweisbar war.

Die Preisbindung der zweiten Hand und die Richtpreise verzerren den Preis-

---

[46]) Müller-Armack, Art.: Soziale Marktwirtschaft in: Handwörterbuch der Sozialwissenschaften . . ., S. 390.

wettbewerb. Deshalb sind auch Bestrebungen im Gange, sie zu beseitigen. (Gutachten des Wissenschaftlichen Beirates beim Bundeswirtschaftsministerium.)

Im Rahmen der EWG erweitern sich die Märkte, so daß auch hier neue Impulse für den Wettbewerb zu erwarten sind. Außerdem wird die Substitutionskonkurrenz immer mehr verschärft (z. B. Kohle-Öl, Baumwolle-Kunstfasern, Stahl-Plastik). Auf diese Weise werden viele Monopole gezwungen, sich konkurrenzähnlich zu verhalten. Daneben ist die Anpassungsfähigkeit der Betriebe, sich auf neue Konkurrenzprodukte umzustellen, gewachsen.

Der Bundeswirtschaftsminister[47]) kündigt an, daß die Modernisierung des Kartellgesetzes die Unternehmenskooperation erleichtern wird und daß ferner eine vorbeugende Fusionskontrolle und eine verbesserte Mißbrauchsaufsicht über marktbeherrschende Unternehmen geplant sind. Das wären zweifelsohne geeignete Instrumente einer *„aktiven Marktwirtschaftspolitik"* im Sinne einer ordoliberalen Wettbewerbsordnung.

Der Wandel des Industrialismus hat seine Folgen auch für die Mittel der Konkurrenz. *Lohmann*[48]) stellt fest, daß die Konkurrenz teilweise von der Preis- zur Nichtpreiskonkurrenz übergegangen ist. Die Konkurrenz greift somit auch nach neuen, verfeinerten Mitteln, seien sie geldlicher (monetärer) oder güterwirtschaftlicher Art, um sich der gewandelten Struktur von Produktion und Märkten anzupassen.

Es wurden bereits einige Faktoren angeführt, die die Funktionsfähigkeit des Preissystems hemmen. Lassen wir einen der Mitbegründer der Freiburger Schule und des Gedankens der sozialen Marktwirtschaft selbst zu Worte kommen.

Das marktwirtschaftliche System hat ein Loch[49]), da es der Monopolisierungsgefahr gegenüber versagt, denn aus Furcht vor dem direkten richterlichen und behördlichen Eingriff in die unternehmerische Tätigkeit schreckt der Gesetzgeber davor zurück, den Wettbewerb auch gegen die Verdrängung durch Konzerne und Großbetriebe zu schützen.

Das Gesetz gegen Wettbewerbsbeschränkungen gewährt den Schutz des Wettbewerbs nur gegen das Mittel der Kartellierung; hingegen werden die anderen Techniken der Monopolisierung so gut wie nicht behindert.

---

[47]) Schiller, K., Aktive Marktwirtschaftspolitik, in: Marktwirtschaft, die Zeitschrift für Wettbewerbspolitik und Wettbewerbspraxis, März 1971, S. 5.

[48]) Lohmann, Neue Form der Konkurrenz ... S. 125.

[49]) F. Böhm, Frankfurter Allgemeine Zeitung v. 27. 5. 61. Das Janusgesicht der Konzentration – Eine Achillesferse der Marktwirtschaft.

5. Verteilung, Wachstum, Konjunktur, Staat, Außenhandel, Wirtschaftskreislauf und Sozialprodukt

5.1. Gegenstand der Verteilungslehre und des Wirtschaftskreislaufs

5.1.1. Grundrente, Lohn, Zins und Unternehmergewinn

Wir deuteten bereits im Teil A an, daß die Einkommen aus der Entlohnung für die Produktionsfaktoren Boden, Arbeit und Kapital sich in Grundrente, Lohn, Zins und Unternehmergewinn widerspiegeln. Aus diesem Grunde ist die Verteilungslehre eine Preiserklärung der Produktionsfaktoren.

Die nachfolgende Darstellung 5.1 zeigt, daß die Kombination der Produktionsfaktoren Boden, Arbeit und Kapital das *Sozialprodukt* entstehen läßt, wobei wir unter Sozialprodukt vereinfachend die Summe aller produzierten Güter und geleisteten Dienste eines Zeitabschnitts verstehen. Es handelt sich somit um einen güterwirtschaftlichen Begriff (Güterberg).

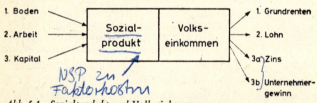

Abb. 5.1 Sozialprodukt und Volkseinkommen

Die Produktionsfaktoren werden durch die Einkommensströme verteilt, wobei wir als Volkseinkommen die Summe aller Nominaleinkommen, die innerhalb eines Zeitabschnitts anfallen, definieren. Hier liegt eine geldwirtschaftliche (monetäre) Betrachtung vor, da die Einkommen in Geld anfallen. *Grundrente, Lohn und Zins* lassen sich preistheoretisch erklären. Der *Unternehmergewinn* stellt jedoch eine Restgröße (Residualgröße) dar, die lediglich auf ihre Bestandteile hin untersucht werden kann.

Die *Grundrente* fällt als Einkommen für den Produktionsfaktor Boden an.
Gehen wir davon aus, daß der Boden, der landwirtschaftlich und gewerblich genutzt werden kann, knapp ist, so ist die Rente – oder einfacher ausgedrückt der absolute Ertrag des Bodens – Ursache des Preises. Dem Gesamtangebot an landwirtschaftlich oder gewerblich nutzbaren Böden steht die Gesamtnachfrage gegenüber. Wenden wir die im Teil A dargestellte Grenzpro-

duktivitäts-Analyse an, so können wir feststellen, daß die Nachfrager so lange Bodeneinheiten nachfragen werden, als der Ertragszuwachs der letzten Bodeneinheit noch größer ist als der Betrag, der für den Erwerb dieser Einheit aufzuwenden ist.

Die Rente ist jedoch nicht nur Ursache, sie ist auch Folge des Preises, der für die Böden gezahlt wird. Wenn der Nahrungsmittelbedarf wächst, müssen auch relativ schlechtere Böden bebaut werden. Jetzt bestimmen die höchsten noch aufgewendeten Kosten den Preis der Produkte. Die Besitzer besserer Böden beziehen daher eine Rente in Höhe der Kostendifferenz (Differentialrente der Bonität oder der Qualität).

Neben dieser Qualitätsrente gibt es noch die Lagerente (auch Intensitätsrente, da die Böden intensiver genützt werden). Thünen hat schon den Gedanken des Kostenvorteils auf die günstigere Lage der marktnäheren Böden ausgedehnt. Je näher die Böden beim Konsumzentrum liegen, desto größer sind die Transportkostenvorteile gegenüber entfernteren Bodenlagen. Diese Überlegung ist, wie wir bereits im Teil A unter „Standortlehre" ausführten, wegen der Konservierungs- und Kühltechnik in der Landwirtschaft nicht mehr ganz zutreffend. Die Lagerente für bebaubare Grundstücke, die dem Wohnungsbau oder der Industrieansiedlung dienen, tritt jedoch heute besonders in Erscheinung.

Zwangsläufig muß sich eine Verstaatlichung des Produktionsfaktors Boden ergeben, da eine Monopolsituation – vor allem in Ballungsräumen – vorliegt, wenn die Sozialstaatsklausel und die Verpflichtung des Eigentumsbegriffes nicht neu interpretiert werden. Man kann jedoch die *Bodenspekulation* eindämmen. Denken wir hier an die Vorstellungen *Adolf Damaschkes*[50]) für eine gerechte Bodenneuordnung. Damaschke betrachtet die Grundrente als ein soziales Eigentum. Hier bleibt also das Grundeigentum bestehen.

Der unverdiente Wertzuwachs wird weggesteuert. Grundwertsteuer und Wertzuwachssteuer sollen zu einem vermehrten Bodenangebot führen.

Interessant ist dabei das System der Selbstveranlagung bei der Grundwertsteuer. Gibt der Grundstückseigentümer den Wert des Grundstücks zu niedrig an, trifft ihn dies selbst, da der Staat zu diesem niedrigen Preis ein Vorkaufsrecht hat. Diese Grundwertsteuer wird dann mit einer Wertzuwachssteuer kombiniert. Daß dieses System funktionsfähig ist, haben Versuche gezeigt, denn bereits vor 1914 hatten 470 Gemeinden und 13 Landkreise (auch die Städte Frankfurt/Main und Köln) die Kombination beider Steuern eingeführt. – Das Städtebauförderungsgesetz kann in diesem Zusammenhang nur als eine kurzfristige Notlösung bezeichnet werden. Eine gezielte Raumordnungspolitik, ein aktiver Umweltschutz unter dem Gesichtspunkt der Natur- und Landschaftspflege und die Fortsetzung des bisherigen Wohnungsbaues (vor allem des sozialen Wohnungsbaues) werden nur dann möglich sein, wenn es zu einer Neuordnung kommt und die Grundrente als soziales Eigentum betrachtet wird, da nur hierdurch das Eigentumsrecht am Produktionsfaktor

---

[50]) Damaschke, A., Die Bodenreform, 20. Auflage, Jena 1923.

Boden aufrechterhalten werden kann. Im Sinne von *Rüstow* wäre eine derartige Neuordnung durchaus mit der Wettbewerbsordnung zu vereinbaren.

Für den Produktionsfaktor *Arbeit* wird der *Lohn* als Einkommen bezahlt, er ist der Preis der Arbeit.

Arbeitsangebot und -nachfrage bestimmen auch hier den Preis (die Lohnhöhe). Allerdings verläuft die Angebotskurve nicht normal, da bei steigenden Löhnen die durchschnittliche Gesamt-Arbeitszeit sinkt und umgekehrt. Der Arbeitsmarkt ist heute ein typischer unvollkommener und ungleichgewichtiger Markt.

Wir haben bereits im Teil A mit Hilfe der Grenzproduktivitäts-Analyse festgestellt, daß die Betriebe so lange Arbeitskräfte nachfragen, als die Grenzeinnahmen noch über den Grenzausgaben liegen, einfach ausgedrückt, solange die zusätzlich nachgefragte Arbeitskraft mehr einbringt, als sie kostet.

Die Frage, welche Lohnsteigerungen möglich sind, muß im Zusammenhang mit dem gesamtwirtschaftlichen Wachstum (nächster Abschnitt) gesehen werden. Dabei ist, wie wir bereits ausführten, zu berücksichtigen, ob das zusätzliche Einkommen gespart wird oder in den Konsum fließt.

Der Produktionsfaktor *Kapital* wird dem Unternehmer zur Verfügung gestellt. Der *Preis* hierfür ist der *Zins*.

Konsumverzicht tritt in der Gegenwart nur dann ein, wenn die Sparer in der Zukunft mehr zurückerhalten, als sie gegenwärtig hergeben.

Der Zins ist jedoch keine einheitliche Erscheinung.

Wir können einmal den Geldzins, zum anderen den Kapitalzins unterscheiden. Daneben spielt der Diskontsatz eine besondere Rolle.

Geldzins ist der Zinssatz für kurzfristige, Kapitalzins für langfristige Kredite.

Zwischen Geldzins und Kapitalzins besteht nur ein indirekter Zusammenhang. Der Geldzins richtet sich nach dem Liquiditätsbedürfnis des Geldmarktes. So kann man den Geldzins auch als Preis für den Verzicht auf die Liquidität (Flüssigkeit) bezeichnen.

In Zeiten der Geldknappheit wird ein höherer Zinssatz für kurzfristiges Geld nicht etwa deshalb bezahlt, weil der Ertrag des Kapitals gestiegen ist, vielmehr müssen Zahlungsverpflichtungen erfüllt werden.

Der Kapitalzins hingegen richtet sich in erster Linie nach dem Ausmaß der Spartätigkeit und der Ergiebigkeit (Produktivität) langfristiger Investitionen.

Der Diskontsatz ist der durch die Bundesbank beim Ankauf von Wechseln in Abzug gebrachte Diskont. Dieser Diskontsatz beeinflußt weitgehend den Geld- und Kapitalzins. Man spricht daher von der Diskontpolitik der Notenbanken.

Eine Erhöhung des Diskontsatzes verteuert die Kredite und wirkt dämpfend auf die konjunkturelle Entwicklung; eine Senkung des Diskontsatzes kurbelt die Wirtschaftstätigkeit an, da die Wechselkredite billiger werden. Die Notenbank läßt sich bei ihren Maßnahmen von gesamtwirtschaftlichen Zielsetzungen leiten. So will sie bei einer Erhöhung z. B. die Preise stabilisieren, den Wechselkurs stärken oder die Zahlungsbilanz verbessern.

Trotz der angedeuteten verschiedenen Bedingungen bestehen zwischen Geldzins, Kapitalzins und Diskontsatz wechselseitige Beziehungen. Erhöht die Notenbank den Diskontsatz, so werden langfristige Anleihen in kurzfristigen Geldern angelegt, da sie hier einen relativ höheren Zins erbringen. Aus diesem Grunde müssen auf dem Kapitalmarkt auch höhere Zinsen bewilligt werden. Obwohl zwischen dem Bestimmungsfaktor des Geldzinses, der Liquidität und dem Bestimmungsfaktor des Kapitalzinses, der Ergiebigkeit des Kapitals (Produktivität), kein unmittelbarer Zusammenhang besteht, ist über den Diskontsatz ein Wechselverhältnis der Zinssätze vorhanden.

Das Sparen ist auf der Angebotsseite jedoch nicht so vorherrschend vom Zinssatz abhängig wie auf der Nachfrageseite; vielmehr spielt dort die Verteilung des Volkseinkommens eine wichtigere Rolle, denn bei fehlender Sparfähigkeit verlieren hohe Zinsen ihre Lenkungsfunktion.

Der *Unternehmergewinn* stellt, wie wir bereits ausführten, eine Restgröße dar. Er läßt sich in folgende Elemente aufgliedern:

a) die *Zinsen für das Kapital*, das der Unternehmer zur Verfügung stellt (kalkulatorische Zinsen),

b) die *Grundrente*, die er für den eigenen Grund und Boden erhält (kalkulatorische Miete),

c) *Unternehmerlohn*, den er als leitender Angestellter erhalten würde. Er ist vom Umsatz und der Belegschaftszahl abhängig (kalkulatorischer Unternehmerlohn).

d) Die *Restgröße* des Leistungs- oder Pioniergewinns.

Dieser Unternehmergewinn ist eine Restgröße, die nach Abzug der Kosten vom Markterlös übrigbleibt. Sogenannte Pioniergewinne werden für das Durchsetzen neuer Kombinationen, z. B. auf dem Kunststoffsektor, durch den dynamischen Unternehmer erzielt. Jede neue, erfolgreiche Kombination der Produktionsfaktoren erweitert die Gewinnmarge (Gewinnspanne), die nachfolgende Konkurrenz verengt sie wieder.

Eine besondere Stellung nehmen die Scheingewinne ein, die auf Grund einer allgemeinen Geldentwertung entstehen. Ihre Ursachen sind jedoch auch in falscher Bewertung des betriebsnotwendigen Vermögens und der Auflösung stiller Reserven zu suchen.

5.1.2. Funktionelle und personelle Verteilung

Die qualitative Verteilungslehre hat die Aufgabe, die Faktoren anzugeben, die die Höhe der einzelnen Einkommensquellen bestimmen. Sie führt uns zur Frage der Rechtfertigung der verschiedenen Einkommensgruppen hin.

Die quantitative Verteilungslehre beschäftigt sich einmal mit der größenmäßigen Verteilung (Einkommensschichtung); man bezeichnet sie als personelle Verteilung. – Zum anderen soll die Verteilung des Einkommens nach Quellen ermittelt werden; hier spricht man von funktioneller Einkommensverteilung.

In das Verhältnis von funktioneller und personeller Einkommensverteilung greift der Staat ein, der über das Steuersystem die Markteinkommen umverteilt, wir sprechen dann von der Redistribution (Umverteilung) der Einkommen.

Die quantitative Verteilungslehre hat jedoch noch die Aufgabe, den *Wirtschaftskreislauf* darzustellen und Sozialprodukt und Volkseinkommen im Rahmen einer volkswirtschaftlichen Gesamtrechnung zu erläutern.

5.1.3. Wirtschaftskreislauf mit Unternehmen und Haushalten

Bereits die Physiokraten entwickelten das erste makroökonomische (gesamtwirtschaftliche) Kreislaufsystem, das wir im Teil A darstellten.

Die statistischen Darstellungen des Sozialprodukts haben den Nachteil, daß die Verwendung des verfügbaren Einkommens nicht deutlich genug zum Ausdruck kommt.

Um diesen Nachteil auszuschalten, wollen wir den Wirtschaftskreislauf, wenn auch in vereinfachter Form, graphisch darstellen.

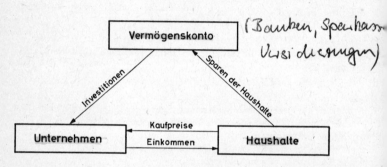

Abb. 5.2 Wirtschaftskreislauf mit Unternehmen und Haushalten (Inland)

Dabei gehen wir in der Abb. 5.2 davon aus, daß nur *Haushalte und Unternehmen* des Inlands am Wirtschaftskreislauf beteiligt sind. Die Wirkungen des Außenhandels und der Staatstätigkeit werden zunächst außer acht gelassen.

Die Arbeitnehmer der Haushalte beziehen für ihre Arbeit von den Unternehmern Lohn als Einkommen. Dieses Einkommen geht einmal in den Konsum, indem Kaufpreise an die Produzenten entrichtet werden, zum anderen wird von den Haushalten gespart (Sparen der Haushalte).

Das Sparen der Haushalte wandert auf ein *Vermögenskonto* und fließt über Investitionen an die Unternehmen zurück.

Innerhalb dieses Kreislauf-Schemas herrscht nur dann Gleichgewicht, wenn Sparen und Investieren gleich groß sind, eine Voraussetzung, von der man ausgehen muß, um überhaupt Schlußfolgerungen für den Wirtschaftskreislauf ziehen zu können.

Weicht die wirtschaftliche Entwicklung von diesen Voraussetzungen ab, so kommt es zu Schrumpfungs- oder Wachstumsprozessen, wie wir sie im Abschnitt „Die Wirkungen des Geldes" darstellten und wie sie noch im Abschnitt „Wachstum und Konjunkturentwicklung" behandelt werden.

Nachstehend wollen wir noch beweisen, warum Sparen und Investieren im Gleichgewichtszustand gleich groß sind.

Abkürzungen

S = Sparen $\qquad\qquad Y$ = Einkommen
P = Produktion $\qquad\quad I$ = Investition
C = Konsum

Die erste Gleichung lautet: $S = Y - C$

Das Sparen (S) entspricht dem Einkommen (Y), vermindert um den Konsum (C). Hier umfaßt das Sparen jedoch auch das Horten von Geldern, die nicht investiert werden.

Die zweite Gleichung besagt: $I = P - C$

Die Produktion (P) umfaßt hier alle Güter, die noch nicht verbraucht sind, also auch die Lagerbestände.

Die dritte Gleichung besagt: $P = Y$, denn die an der Produktion (P) beteiligten Produktionsfaktoren beziehen Einkommen (Y) im Werte der Produktion.

Daraus ergibt sich $\quad S = P - C$
$\qquad\qquad\qquad\quad I = P - C$

Wenn zwei Größen einer Dritten gleich sind, dann sind sie auch untereinander gleich. Somit ist $S = I$, d. h. Sparen (S) und Investition (I) sind – unter den genannten Voraussetzungen – gleich groß.

5.2. Wachstum und Konjunkturentwicklung

5.2.1. Die Bedeutung des wirtschaftlichen Wachstums

Wird das Sozialprodukt im Zeitablauf größer, so spricht man vom Wachstum. Steigen die Bevölkerungszahl und das Sozialprodukt (z. B. um 3 %), so bleibt das Produktionsvolumen je Kopf konstant. Echtes wirtschaftliches Wachstum liegt daher nur dann vor, wenn die Steigerung des Sozialprodukts größer ist als die Bevölkerungszunahme, wenn also das Sozialprodukt je Kopf steigt.

Eine starke Wachstumsrate erfordert in der vollbeschäftigten Wirtschaft einerseits hohe Ersparnisse, um die notwendigen Investitionen zu ermöglichen, andererseits muß die Gesamtnachfrage nach Konsumgütern und damit das Masseneinkommen weiter steigen, da das Ausmaß der Investitionen von der Konsumgüternachfrage abhängt (Akzelerations- oder Beschleunigungsprinzip).

Eine Beschneidung des Wachstums ist in der vollbeschäftigten Wirtschaft durch die Arbeitszeitverkürzung möglich, wenn kein Ausgleich geschaffen werden kann. Ausgleichsmöglichkeiten bestehen in der Intensivierung der menschlichen

Arbeitsleistung innerhalb der kürzeren Arbeitszeit. In zusätzlichen Investitionen, d. h. Ersatz der Arbeit durch Kapital; in der Gewinnung zusätzlicher ausländischer Arbeitskräfte und der Ableistung von Überstunden.

Innerhalb der Wachstumstheorie spielen *Multiplikator* (Vervielfältigungsprinzip) und *Akzelerator* (Beschleunigungsprinzip) eine bedeutende Rolle.

Der Multiplikator (K) ist eine Größe, die eine mengenmäßige Beziehung zwischen einer Geldmengenvermehrung und der daraus resultierenden Gesamteinkommenssteigerung ermöglicht.

$$\Delta I \times K = \Delta Y$$

(Erstinvestition × Multiplikator = Gesamteinkommenssteigerung)

Das Mehr an Volkseinkommen, das ein zusätzlicher Kredit bildet, beruht auf dem Einkommensmultiplikator. Der Beschäftigungsmultiplikator wird nach demselben Prinzip berechnet. Es bildet sich eine Nachfrage- und Einkommenswirkung. Die Multiplikatorperiode ist die Zeitdauer zwischen zwei aufeinanderfolgenden Konsumausgaben des zusätzlichen Krediten.

Unter dem Multiplikator versteht man also den Koeffizienten, der angibt, eine wie große Zunahme des Volkseinkommens aus jeder Steigerung der Investition hervorgeht. Führt z. B. eine Steigerung der Investition um 5 Mrd. DM zu einer Ausweitung des Volkseinkommens um 15 Mrd. DM, so ist der Multiplikator gleich 3 oder, anders ausgedrückt, Multiplikator mal Veränderung der Investition ergibt die daraus resultierende Veränderung des Volkseinkommens.

Der Multiplikator hängt von der Grenzneigung zum Sparen bzw. zum Verbrauch ab. Man sieht, bei einer Grenzneigung zum Verbrauch von $^2/_3$ beträgt der Multiplikator 3, d. h. er setzt sich aus der Erstinvestition in Höhe von 1 plus sekundären Verbrauchsausgaben in Höhe von 2 zusammen. Bei einer Grenzneigung zum Verbrauch von $^3/_4$ würde der Multiplikator 4 betragen.

Man erkennt daraus, daß der Multiplikator stets der Kehrwert oder der reziproke Wert der Grenzneigung zum Sparen ist.

$$\text{Volkseinkommensveränderung} = \frac{1}{\text{Grenzneigung zum Sparen}} \times \text{Veränderung d. Investition}$$

$$= \frac{1}{1 - \text{Grenzneigung zum Verbrauch}} \times \text{Veränderung d. Investition}$$

Die Werte der Multiplikator-Tabelle zeigen, daß das zusätzliche Einkommen in der ersten Periode am größten ist, daß es dann sinkt, bis es im letzten Zeitabschnitt gleich Null wird. Aus diesem Grunde ist es notwendig, nicht nur einmal, sondern ständig zusätzlichen Kredit zu schöpfen, wenn man das Einkommen auf lange Sicht erhöhen will.

Die negativen Wirkungen des zusätzlichen Kredits in der vollbeschäftigten Wirtschaft haben wir bereits unter „Wirkungen des Geldes" dargestellt. Der Multiplikator kann jedoch, wenn noch Produktionskräfte frei sind, zur Vollbeschäftigung führen.

Multiplikator-Tabelle

Multiplik.-Periode	Anfangsausgabe	Nacheinandergeschaltete Konsumausgaben							Eink.-Änderung
1	100								+ 100
2	100	50							+ 150
3	100	50	25						+ 175
4	100	50	25	12,5					+ 187,50
5	100	50	25	12,5	6,25				+ 193,75
6	100	50	25	12,5	6,25	3,125			+ 196,87
7	100	50	25	12,5	6,25	3,125	1,56		+ 198,93
8	100	50	25	12,5	6,25	3,125	1,56	0,78	+ 199,21
∞									200

Das Kernstück des *Akzelerations- oder Beschleunigungsprinzips* ist die technisch bedingte Abhängigkeit des Kapitalgüterbestandes von der Nachfrage nach Konsumgütern.

Mit anderen Worten, es soll die Wirkung des Konsums auf das Ausmaß der Investitionen verfolgt werden.

Der Akzelerator mißt den Einfluß des Konsums auf die Investitionen. Die Beschleunigungs- oder Akzeleratorenanalyse hängt mit dem Multiplikatorprinzip zusammen.

Nach diesem Prinzip wird der volkswirtschaftlich notwendige Kapitalbedarf (für Lagerbestände oder Betriebsausstattung) in erster Linie von der Höhe des Volkseinkommens bzw. der Produktion bestimmt.

Akzelerator-Tabelle

Periode	Nachfrage	Konsumgüter Wachstumsrate		Bestand	Abschreibung	Netto-invest.	Brutto-invest.	Kapitalgüter Wachstumsrate	
		absolut	Index					absolut	Index
1	10	—	100	20	1	—	1	—	100
2	11	1	110	22	1	2	3	2	300
3	13	2	130	26	1	4	5	2	500
4	14	1	140	28	1	2	3	−2	300
5	14	0	140	28	1	0	1	−2	100
6	13	−1	130	26	1	−2	−1	−2	−100

Eine Aufstockung des Kapitalbestandes (also das, was wir gewöhnlich eine Netto-Investition nennen, wenn das Volkseinkommen wächst, oder anders ausgedrückt, eine Prosperitätsperiode) kann bereits zu Ende gehen, nicht etwa, weil die Umsätze im Verbrauchsgütersektor zurückgehen, sondern weil sich die Umsätze bei einem höheren Niveau eingespielt haben bzw. eine *geringere Zuwachsrate* aufweisen als zuvor.

Das Akzelerationsprinzip ist ein zweischneidiges Schwert. Beschleunigungsprinzip und Multiplikator können sich gegenseitig verstärken und erzeugen eine kumulative Deflations- bzw. Inflationsspirale.

Es liegt auf der Hand, daß das Akzelerationsprinzip einen wichtigen Faktor der wirtschaftlichen Instabilität darstellt. Wir haben alle schon von Situationen gehört, in denen „man rennen muß, um auf der Stelle zu treten". In der Wirtschaft sind die Dinge noch ärger. Der Apparat kann mit stets größerer Tourenzahl laufen, und doch ist das Ergebnis nur, daß er bald ganz stillsteht.

Wenn die Umsätze schwanken, verschärft das Beschleunigungsprinzip diese Schwankungen. Im Aufschwung ruft es eine stärkere Nettoinvestition hervor, im Niedergang bewirkt es eine entsprechende Desinvestition. Jedoch auf längere Sicht, wenn die Wirtschaft auf Grund der Bevölkerungszunahme, des höheren Realeinkommens usw. wächst, wirkt der Akzelerator in erster Linie stimulierend (produktionsfördernd).

Wir verstehen jetzt, daß eine Depression bereits eintreten kann, weil der Verbrauchszuwachs plötzlich zurückgeht; dabei braucht der absolute Verbrauch keineswegs zu fallen, sondern kann sich auf seinem hohen Niveau halten.

Das Akzelerationsprinzip gelangt nur dann voll zur Wirkung, wenn in der Konsumgüterindustrie Vollbeschäftigung herrscht, in der Kapitalgüterindustrie jedoch noch Kapazitäten frei sind. Dies ist in der Vollbeschäftigung nicht der Fall. Dennoch zeigt das Akzelerationsprinzip, daß die Investitionsgüterindustrie in Abhängigkeit von der Konsumgüternachfrage starken Schwankungen unterworfen ist.

Das Akzelerationsprinzip dient gleichzeitig einer güterwirtschaftlichen Deutung des Konjunkturablaufs.

5.2.2. Die Ursachen von Konjunktur und Krise

In der klassischen Vorstellung vom Wirtschaftsablauf kommt es stets zu einem neuen Gleichgewicht, Störungen können nur von außen herangetragen werden (exogene Faktoren). Ursachen für eine Krise waren vom Angebot her lediglich in der Überproduktion *(Malthus)* und von der Nachfrage her in einem Zuwenig an Konsum (Unterkonsumtionstheorie von Sismondi) gesehen worden.

Statistisch werden die Schwankungen im Wirtschaftsablauf aufgeteilt in:

a) saisonale Schwankungen,

b) konjunkturelle Schwankungen (3 bis 7 Jahre) und

c) Trendbewegungen (Entwicklungsrichtungen).

Ökonomisch werden die Wellen nach ihrer Dauer unterschieden.

Über die Ursachen von Konjunktur und Krise besteht bis heute noch keine Übereinstimmung. In der modernen arbeitsteiligen Wirtschaft sind es jedoch wohl mehr geld- als güterwirtschaftliche Veränderungen, die zu Störungen im Wirtschaftsablauf führen.

Zunächst wollen wir jedoch das Schema eines Konjunkturverlaufs darstellen (Phaseneinteilung des Harvard-Instituts).

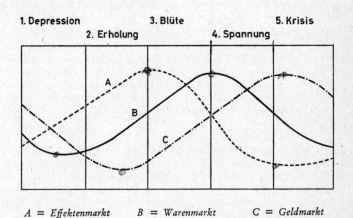

Abb. 5.3 Harvard-Phaseneinteilung

Dieses Schema geht davon aus, daß der Konjunkturverlauf in 5 Abschnitte zerfällt, wobei die Bewegungen auf dem Effekten-, Waren- und Geldmarkt verfolgt werden.

1. Phase: *Depression*
   a) steigende Effektenkurse,
   b) fallende Warenpreise,
   c) fallende Geldsätze.

2. Phase: *Erholung*
   a) wachsende Börsenspekulation,
   b) steigende Warenpreise,
   c) steigende Geldsätze.

3. Phase: *Blüte* (Hochkonjunktur)
   a) Die Börsenspekulation setzt aus.
   b) Die Warenpreise steigen weiter.
   c) Weiter steigende Geldsätze.

4. Phase: *Spannung*
   a) Die Effektenkurse gehen stark zurück.
   b) Die Warenpreise stabilisieren sich.
   c) Die Geldsätze bleiben hoch.

5. Phase: *Industrielle Krise*
   a) Die Effektenkurse erreichen einen Tiefstand.
   b) Die Warenpreise fallen stark.
   c) Die Geldsätze erreichen ihren höchsten Stand.

Macht man den Versuch, die Ursachen für Konjunktur und Krise systematisch darzustellen, so kann man einmal Ursachen ermitteln, die aus der Wirtschaft selbst entstehen; man bezeichnet sie als endogene Impulse. Zum anderen gibt es Ursachen, die von außen kommen; sie werden exogene Impulse genannt.

Endogene Impulse gehen von der Güter- oder von der Geldseite aus. Das im vorhergehenden Abschnitt dargestellte Beschleunigungsprinzip (Akzelerator) zeigt eine Konjunkturerklärung von der Güter-Nachfrageseite her. Das Vervielfältigungsprinzip (Multiplikator) und die negative Wirkung des zusätzlichen Kredites in der vollbeschäftigten Wirtschaft zeigen die konjunkturelle Wirkung, die von einer Geldexpansion (Geldvermehrung) ausgeht. Diese endogenen Impulse können einmal im Inland entstehen, sie können jedoch auch über den Außenhandel wirksam werden, wie es das Beispiel der importierten Inflation zeigt. *Exogene Impulse* sind z. B. das Wetter, Kriege, Mißernten, psychologische Einflüsse.

Wir haben den Wirtschaftskreislauf zunächst güterwirtschaftlich darzustellen versucht. Als nächsten Schritt bezogen wir die Wirkungen des Geldes in die Darstellung des Wirtschaftsablaufs ein. Danach tauchte die Frage nach dem Wachstum des Güterberges auf, den wir als Sozialprodukt bezeichneten. Die unterschiedlichen Wachstumsraten führen jedoch zu Störungen im Wirtschaftsablauf, die sich fortpflanzen können.

Bisher haben wir jedoch noch nicht die Wirkungen des Außenhandels und die Staatstätigkeit in die Analyse des Wirtschaftskreislaufs aufgenommen. Dies soll in den beiden folgenden Abschnitten geschehen.

5.3. Die Wirkungen des Außenhandels und der Staatstätigkeit

5.3.1. Wirtschaftskreislauf mit Außenhandel

Um die Wirkungen des Außenhandels auf die Gesamtwirtschaft besser herausstellen zu können, soll der Außenhandel zunächst isoliert betrachtet werden. Dabei kann man die *Import- und die Exportakte* einmal güterwirtschaftlich, zum anderen geldwirtschaftlich untersuchen.

Stellt eine Volkswirtschaft ein geschlossenes Ganzes dar, so ist ihr ein bestimmtes Sozialprodukt zugeordnet. Sie wird – bildlich gesprochen – von einer großen Mauer umgeben. Was darüber springt, ist verloren. Sind die Exporte höher als die Importe, so entsteht in Höhe der Differenz – güterwirtschaftlich – eine Lücke an realen Gütern. Geldwirtschaftlich kommt es jedoch zu Preisauftriebstendenzen, da einmal schon bei gleichbleibender Geldmenge und -umlaufgeschwindigkeit das Güterangebot geringer wurde, zum anderen, wenn die Einlösungspflicht der Notenbank besteht, die Geldmenge im Inland größer wird. Hier setzt die importierte Inflation ein.

Bevor wir uns jedoch diesem aktuellen Thema zuwenden, wollen wir den Wirtschaftskreislauf unter Berücksichtigung des Außenhandels graphisch darstellen.

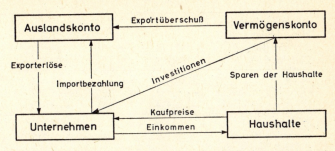

Abb. 5.4 Wirtschaftskreislauf mit Inland und Außenhandel

In der obigen Abb. 5.4 wird im Vergleich zu Abb. 5.2 lediglich der *Außenhandel* eingefügt, wobei die Exporterlöse die Importbezahlung übersteigen, es somit zu einem Exportüberschuß kommt, dessen güter- und geldwirtschaftliche Folgen wir noch näher darstellen werden.

Die *Zahlungsbilanz* zeigt im Sinne einer Gewinn- und Verlustrechnung, wie sich in einem Jahr der zwischenstaatliche Waren- und Zahlungsverkehr entwickelt hat.

a) *Warenhandelsbilanz:* In ihr wird der Ex- u. Import von Gütern festgehalten.

b) *Dienstleistungsbilanz:* Hier werden Transportleistungen, Reiseverkehr, Lizenzgebühren, Provisionen usw. erfaßt.
Beide zusammen bilden die Leistungsbilanz.

c) *Übertragungsbilanz:* Hier werden Lohnüberweisungen ausländischer Arbeitnehmer und Rentenzahlungen ins Ausland usw. verbucht.

d) *Kapitalbilanz:* Sie besteht aus zwei Bilanzen:

  da) Kapitalbilanz des langfristigen Kapitalverkehrs, z. B. Investitionen im Ausland (Firmengründungen oder Kauf von Papieren) und

  db) Kapitalbilanz des kurzfristigen Kapitalverkehrs: Guthaben deutscher Banken im Ausland, spekulative Gelder u. a. m.

  Faßt man die genannten Bilanzen (ohne den kurzfristigen Kapitalverkehr) zusammen, erhält man die *Grundbilanz*.

e) Daneben gibt es die *Devisenbilanz*. Sie dient dem rechnerischen Ausgleich der Zahlungsbilanz und bezieht sich auf die Bundesbank.

Eine Analyse der wichtigsten Posten der Zahlungsbilanz 1970 zeigt folgendes Ergebnis[51]):

---

[51]) Vorläufige Ergebnisse der Zahlungsbilanz für das Jahr 1970, in: Monatsberichte der Deutschen Bundesbank, 23. Jg., Nr. 2, Februar 1971, S. 45.

Wichtigste Posten der Zahlungsbilanz 1970 (Vergleichszahlen 1967 bis 1970)

Mio DM

Position	1967	1968	1969	1970 p)
A. Bilanz der laufenden Posten				
Handelsbilanz				
Ausfuhr (fob)	87 045	99 551	113 557	125 297
Einfuhr (cif)	70 183	81 179	97 973	109 616
Saldo	+ 16 862	+ 18 372	+ 15 584	+ 15 681
Dienstleistungsbilanz	− 983	− 196	− 967	− 3 573
Übertragungsbilanz	− 6 434	− 7 315	− 8 399	− 9 455
Saldo der laufenden Posten	+ 9 445	+ 10 861	+ 6 218	+ 2 653
B. Kapitalbilanz				
Langfristiger Kapitalverkehr				
a) Kreditinstitute	− 1 107	− 5 156	− 10 824	+ 972
b) Wirtschaftsunternehmen und Private	− 583	− 5 001	− 10 177	− 3 134
c) Öffentliche Hand	− 1 513	− 1 366	− 1 859	− 2 463
Saldo	− 3 203	− 11 523	− 22 860	− 4 625
Kurzfristiger Kapitalverkehr (einschl. Restposten)				
a) Kreditinstitute	− 4 823	+ 2 455	+ 4 325	+ 7 918
b) Unternehmen	− 1 198	+ 4 031	+ 2 084	+ 16 394
Finanzkredite	− 1 634	+ 536	− 235	+ 6 534
Restposten	+ 436	+ 3 495	+ 2 319	+ 9 860
c) Öffentliche Hand	− 361	+ 1 185	− 29	− 428
Saldo	− 6 382	+ 7 671	+ 6 380	+ 23 884
Saldo der gesamten Kapitalleistungen (einschl. Restposten)	− 9 585	− 3 852	− 16 480	+ 19 259
C. Saldo aller Transaktionen in laufender Rechnung und im Kapitalverk. (A + B)	− 140	+ 7 009	− 10 262	+ 21 912
D. Ausgleichsposten für zugeteilte Sonderziehungsrechte (1970) bzw. Ausgleichsbedarf der Bundesbank wegen DM-Aufwertung (1969)	—	—	− 4 099	+ 738
E. Saldo der Devisenbilanz*)	− 140	+ 7 009	− 14 361	+ 22 650
Nachrichtlich: Grundbilanz**)	+ 6 242	− 662	− 16 642	− 1 972

*) und **) siehe nächste Seite.

Aus dem Leistungsverkehr mit dem Ausland ergibt sich 1970 nur noch ein Einnahmeüberschuß von etwa 2,7 Mrd. DM, während es 1969 noch 6,2 Mrd. DM waren. Der langfristige Kapitalexport betrug 1970 4,6 Mrd. DM, es kam sogar zu einem erhöhten kurzfristigen Kapitalimport, da die Auslandkredite billiger waren.

Die Grundbilanz zeigt 1970 ein Defizit in Höhe von 2 Mrd. DM, das durch die Devisenbilanz, die mit 22,7 Mrd. DM abschließt, ausgeglichen wird.

Bei diesen 22,7 Mrd. DM handelt es sich jedoch nicht um verdiente Devisen, vielmehr um geborgte internationale Liquidität, die auf dem Zinsgefälle zwischen der Bundesrepublik Deutschland und dem Ausland beruht[52].

So dürfte auch das gegenwärtige Floating (freies Schwanken, das begrenzt ist) der Wechselkurse zu einem starken Abbau der Währungsreserven führen.

5.3.2. Das Problem der importierten Inflation

Der Wechselkurs ist der in ausländischem Geld ausgedrückte Preis für inländische Geldeinheiten, während der Devisenkurs den Wert des ausländischen Geldes im Inland anzeigt. Ist das Wertverhältnis zwischen zwei Währungen festgelegt, so spricht man von *Währungsparität*.

Frei schwankende Wechselkurse sind z. B. innerhalb der EWG nicht vorhanden. Aus diesem Grunde kann es hier zu Störungen des Wirtschaftsablaufs kommen, wenn die Preisniveauänderungen zwischen den Handelspartnern voneinander abweichen.

Es ist zwischen Ländern zu unterscheiden, die die Inflation selbst erzeugen und anderen, die sie wie eine Art Ansteckung empfangen. Um mit Röpke ein anderes Bild zu wählen, die sich in der ungemütlichen Lage eines Wohnungsinhabers befinden, der sorgsam bei sich selber den Wasserhahn schließt, aber nun zusehen muß, wie es durch die Decke tropft, weil Nachbarn, die weniger sorgsam sind, die Badewanne überlaufen lassen.

Stellen wir als Beispiel den deutsch-italienischen Warenverkehr im Jahre 1963 dar. Das Preisniveau stieg in diesem Jahr in Deutschland um 3,1 %, in Italien um 7,3 %. Daraus entstand in Italien eine Übernachfrage, die durch Importe aus Deutschland abgedeckt wurde, da in Deutschland die Preise insgesamt um 4,2 % weniger gestiegen waren. Es gingen daher im Jahre 1963 mehr deutsche Güter nach Italien als im Jahre 1962, insgesamt für etwa 5,5 Mrd. DM. Diese Güter wurden in Devisen (Lire) bezahlt. Es strömten jedoch mehr Lire nach Deutschland, als zur Bezahlung der Importe mit etwa 3,7 Mrd. DM notwen-

---

[52]) a.a.O., S. 43.

Fußnoten zur Vorseite

*) Veränderung der Währungsreserven der Deutschen Bundesbank (einschl. der deutschen Reserveposition im IWF und der Sonderziehungsrechte). –
**) Saldo aus laufenden Posten der Zahlungsbilanz und langfristigem Kapitalverkehr. – p) Vorläufig.

dig waren. In Höhe von 1,8 Mrd. DM ergab sich ein Exportüberschuß gegenüber Italien. Die Devisen wurden, da für die Deutsche Bundesbank eine Einlösungspflicht bestand, zum vorgeschriebenen Kurs in DM umgetauscht. Die Gegenwerte dieser DM-Beträge wurden jedoch nicht auf dem deutschen Markt angeboten, sondern in Italien. Dadurch entstand in der Bundesrepublik eine Übernachfrage, die inflationäre Tendenz war importiert.

Aus diesem Grunde hatte die Bundesbank im Frühjahr 1961 den Kurs der DM bereits um 5 % aufgewertet, wodurch sich die deutschen Exporte um 5 % verteuerten.

Eine erneute Aufwertung um etwa 9,5 % im Jahre 1969 und das Floating der Wechselkurse (zwischen 4 bis 5 % effektive Aufwertung) sollen die importierte Inflation verhindern helfen (hierzu Abschn. 7.3. Die Ursachen der gegenwärtigen Währungskrise, Seite 94 f.).

Der Abbau dieser importierten Inflation wurde durch leichte Mittel der Handels- und Zollpolitik angestrebt, womit wir bereits beim Thema Staatstätigkeit angelangt sind. Solche Mittel sind:

1. Liberalisierung der Einfuhr,
2. Streichung von Exportsubventionen,
3. Senkung der Importzölle,
4. Kapitalexport,
5. vorzeitige Schuldentilgung,
6. Rüstungs- und Vorratskäufe im Ausland.

5.3.3. Wirtschaftskreislauf mit Staatstätigkeit

Der Anteil des Staates am Sozialprodukt zeigt eine steigende Tendenz. Mit 106 Mrd. DM betrug er 1970 15,6 % des Bruttosozialproduktes. Eine Anhebung der Steuerlastquote erscheint für die Zukunft unausweichlich, da nur auf diesem Wege die wachsenden Staatsausgaben finanziert werden können. Als Steuerquelle bietet sich die Mehrwertsteuer, die in den Nachbarländern beträchtlich höher ist, geradezu an.

Die nachfolgende Abb. 5.5 zeigt die Staatstätigkeit innerhalb des Wirtschaftskreislaufs, wobei zur Vereinfachung die Wirkungen, die von den Sozialversicherungsträgern ausgehen, erst später dargestellt werden.

Die Unternehmen führen an den Staat indirekte Steuern ab (Umsatzsteuer, Gewerbesteuer usw.). Sie erhalten direkte oder indirekte Subventionen (verbilligte Kredite, Exportsubventionen usw.).

Ein Teil der Haushalte bezieht vom Staat Einkommen. Die Arbeitnehmer des öffentlichen Dienstes beziehen das Leistungseinkommen, die Pensionäre das Transfereinkommen. Alle Haushalte zahlen jedoch direkte Steuern (Einkommensteuer usw.).

Der *Staat* selbst kann über das *Vermögenskonto* sparen und in Unternehmen, die ihm gehören oder an denen er beteiligt ist, investieren. Daneben kann der Staat durch allgemeine und gezielte Maßnahmen der Wirtschaftspolitik den

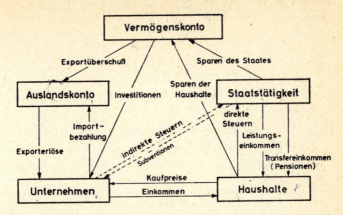

Abb. 5.5 Wirtschaftskreislauf mit Inland, Außenhandel und Staatstätigkeit

gesamten Wirtschaftskreislauf lenken. Einmal kann er die Ziele des Wirtschaftssystems (soziale Marktwirtschaft) bestimmen. Zum anderen stehen in der (1) Bankpolitik, der (2) Finanzpolitik und der (3) Außenhandelspolitik Mittel zur Lenkung des Wirtschaftsablaufs zur Verfügung. Diese Mittel können durch gezielte Maßnahmen (z. B. Grüner Plan) ergänzt werden.

Zu (1) Durch die *Bankpolitik* können:
  a) die Diskontsätze geändert werden (s. Zins, Abschnitt Verteilungslehre),
  b) die Mindestreserven erhöht oder gesenkt werden (s. Abschnitt Wirkungen des Geldes),
  c) die Wechselkursparitäten variiert werden (s. Abschnitt importierte Inflation).
  d) Durch die Offen-Marktpolitik kann der An- und Verkauf von Wertpapieren gelenkt werden.

Zu (2) Die *Finanzpolitik* ermöglicht es, über das Steuersystem und den öffentlichen Haushalt eine Umverteilung (Redistribution) der Markt-Einkommen vorzunehmen.

Zu (3) Die Maßnahmen auf dem Gebiet der *Außenhandelspolitik* haben wir bereits im vorhergehenden Abschnitt dargestellt.

6. Wirtschaftskreislauf, Sozialprodukt und volkswirtschaftliche Gesamtrechnung

6.1. Wirtschaftskreislauf und Sozialversicherung, Inland, Ausland und Staatstätigkeit

Betrachtet man den *Staat als Fiskus*, so kann man die Sozialversicherungsträger (Rentenversicherungsanstalten, Zusatz-Versorgungsanstalt des Bundes und der Länder und die Arbeitslosenversicherung) als Nebenfisken bezeichnen. Diese wirken stabilisierend auf das wirtschaftliche Wachstum, da ihre Einnahmen in der Hochkonjunktur steigen, wobei die Ausgaben relativ gering sind. Bei rückläufiger Konjunktur bleiben die Ausgaben jedoch konstant, die der Arbeitslosenversicherung steigen, so daß hier zusätzliche Transfereinkommen gebildet werden können.

Die Abb. 6.1 zeigt den gesamten Wirtschaftskreislauf unter Berücksichtigung der Sozialversicherungsträger. Eine Änderung gegenüber den bisherigen schematischen Darstellungen tritt lediglich dadurch ein, daß einerseits die Arbeit-

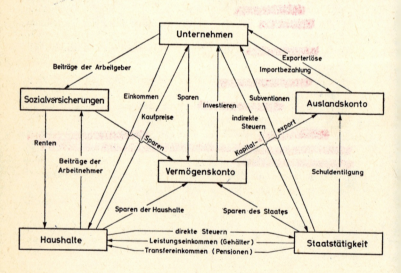

Abb. 6.1 Wirtschaftskreislauf mit Sozialversicherungen, Inland, Ausland und Staatstätigkeit

geber und die Haushalte Beiträge an die Sozialversicherungen leisten, andererseits diese an die Haushalte Rentenzahlungen weitergeben.

Das *Vermögenskonto* wird von Unternehmen, Haushalten, Staat und Sozialversicherungen gespeist und liefert die Mittel zu Investitionen im Bereich der privaten oder öffentlichen Unternehmen oder legt sie durch Kapitalexport gewinnbringend im Ausland an. Die kontenmäßige Darstellung innerhalb einer *volkswirtschaftlichen Gesamtrechnung* gibt einen genaueren zahlenmäßigen Überblick über die angedeuteten Zusammenhänge.

6.2. Entstehung, Verteilung und Verwendung des Sozialproduktes

Sozialprodukt und *Volkseinkommen* werden statistisch erfaßt. Wir unterscheiden dabei die *Entstehungs-, Verteilungs- und Verwendungsrechnung*. Prinzipiell sind Sozialprodukt und Volkseinkommen gleich groß. Es ist jedoch zu beachten, daß das *Bruttosozialprodukt* nicht nur aus Konsumgütern, sondern auch aus Kapitalgütern besteht, die der Aufrechterhaltung und der Erneuerung des Produktionsapparates dienen. Die Sozialproduktsberechnung wird auf Grund der Zahlen der Jahre 1969/1970 dargestellt[53]), wobei die Zahlen für das Jahr 1970 geschätzt sind. Bei der Ausschaltung von Preiserhöhungen wird das Jahr 1962 als Basis herangezogen.

Entstehungsrechnung 1969/1970

Sozialprodukt/ Volkseinkommen	1969 Mrd. DM	1970 Mrd. DM	Wachstum 69/70 in %
Bruttosozialprodukt	602,8	677,7	+ 12,4
— Abschreibungen	— 63,7	— 74,1	+ 16,3
= Nettosozialprodukt zu Marktpreisen	539,1	603,6	+ 12,0
— indirekte Steuern + Subventionen saldiert	— 80,6	— 81,3	+ 0,9
Nettosozialprodukt zu Faktorkosten = Volkseinkommen	458,5	522,3	+ 13,9

Außer den *Abschreibungen* oder Ersatzinvestitionen gehören auch die indirekten Steuern nicht zum Volkseinkommen, da sie für die Unternehmen nur durchlaufende Posten darstellen. Umgekehrt liegen die Dinge bei den *Subventionen*, die gezahlt werden, um Gewinnschmälerungen auszugleichen.

---

[53]) Hamer, G., Das Sozialprodukt im Jahr 1970, in: Wirtschaft und Statistik 1970, Heft 1, S. 11.

Nach Abzug der Abschreibungen hat die wirtschaftliche Leistung – gemessen am *Nettosozialprodukt zu Marktpreisen* – mit 12,0 % (1969 = 12,0 %) einen geringeren Zuwachs zu verzeichnen als das Bruttosozialprodukt mit 12,4 % (1969 = 11,9 %). Basiert man auf die Preise des Jahres 1962 um, so beträgt der Nettozuwachs nur noch 4,5 % (1969 = 8,3 %).

Dieser Wachstumsverlust ist um so bedeutender, weil sich das Wachstum im zweiten Halbjahr des Jahres 1970 merklich abgeschwächt hat. Mit Ausnahme der Dienstleistungsbereiche hatten alle Wirtschaftsbereiche – auf der Preisbasis 1962 – ein schwächeres Wachstum zu verzeichnen als im Jahre 1969. Vereinfacht kann man sagen, daß im Jahre 1970 etwas mehr als die Hälfte des Wachstums auf Preissteigerungen entfällt, nämlich 7,5 %.

Die *Verteilungsrechnung* des Volkseinkommens zeigt, daß sowohl die Einkommen aus unselbständiger Arbeit (Löhne und Gehälter) als auch die aus Unternehmertätigkeit und Vermögen gestiegen sind.

Das unterschiedliche Wachstum der Einkommen aus den einzelnen Produktionsfaktoren spiegelt sich in einem *weiteren Anstieg der Lohnquote* wider (unter Lohnquote verstehen wir den prozentualen Anteil des Einkommens aus unselbständiger Arbeit am Volkseinkommen). Diese stieg von 65,5 % im Jahre 1969 auf 67,4 % im Jahre 1970.

Verteilungsrechnung 1969/1970[54])

Jahr	Volkseinkommen	aus unselbständiger Arbeit	aus Unternehmertätigk. u. Vermögen
	Mrd. DM		
1968	415,8	266,3	149,5
1969	458,5	300,1	158,4
1970	522,3	352,1	170,2
	Veränderung gegenüber dem Vorjahr in %		
1969	+ 10,2	+ 12,7	+ 5,9
1970	+ 13,9	+ 17,3	+ 7,5
	in % des Volkseinkommens		
1969	100	65,5	34,5
1970	100	67,4	32,6

Die *Verwendungsrechnung* wurde bereits bei der kritischen Betrachtung der Sparquote (s. Seite 59) dargestellt, indem Einkommen, Verbrauch und Ersparnis untersucht wurden. Nachfolgend soll die *Verwendung des Sozialproduktes 1969/70 insgesamt* erläutert werden. Es ist dabei zu beachten, daß der Saldo zwischen Import und Export als *Außenbeitrag* bezeichnet wird.

Das Bruttosozialprodukt ist nach ersten Schätzungen um 12,4 % gestiegen: auf 677,7 Mrd. DM. Umgerechnet auf das Jahr 1962 als Preisbasis macht die Stei-

---

[54]) Hamer, G., a.a.O., S. 14.

Verwendung des Sozialproduktes 1969/1970[55])

Jahr	Bruttosoz.-produkt	Privater Verbrauch	Staats-verbrauch	Anlagen-investit.	Vorrats-haltung	Außen-beitrag
1968	538,9	301,1	84,4	124,8	+ 11,0	+ 17,6
1969	602,8	333,6	94,3	146,2	+ 13,8	+ 14,9
1970	677,7	371,5	106,0	178,4	+ 10,5	+ 11,4
	Veränderung gegenüber Vorjahr in %					
1969	+ 11,9	+ 10,8	+ 11,7	+ 17,2	...	...*)
1970	+ 12,4	+ 11,4	+ 12,4	+ 22,0	...	...
	in % des Bruttosozialproduktes					
1969	100,0	55,3	15,6	24,3	2,3	2,5
1970	100,0	54,8	15,6	26,3	1,5	1,7
	in Preisen von 1962 Mrd. DM					
1969	499,1	279,8	65,4	125,7	+ 13,5	+ 14,8
1970	522,6	300,3	67,0	138,1	+ 10,1	+ 7,2
	Veränderung gegenüber dem Vorjahr					
1969	+ 8,1	+ 8,0	+ 4,2	+ 12,1	...	...*)
1970	+ 4,7	+ 7,3	+ 2,4	+ 9,8	...	...
	in % des Bruttosozialproduktes					
1969	100,0	56,1	13,1	25,2	2,7	3,0
1970	100,0	57,5	12,8	26,4	1,9	1,4

*) noch nicht endgültig ermittelt.

gerung im Jahr 1970 im Vergleich zum Vorjahr jedoch effektiv nur noch 4,7 % aus. Das heißt: Um 7,7 % wächst das Sozialprodukt nicht real, sondern nur nominal, wenn man das Wort Inflation vermeiden will. Der Preisanstieg der Verbraucherpreise betrug dabei nur 4 %. Die hohe Steigerung der Anlageinvestitionen um 22 % gegenüber dem Vorjahr ist vor allem auf den Bausektor zurückzuführen. Hier erhöhte sich der Preisindex für Bauinvestitionen von 1969 zu 1970 um 16 %.

Das in der Entstehungs-, Verteilungs- u. Verwendungsrechnung dargestellte Zahlenmaterial ließe sich nach einigen Umrechnungen in unser Gesamtschema vom Wirtschaftskreislauf einordnen. Eine genaue Zuordnung ist jedoch nur innerhalb einer volkswirtschaftlichen Gesamtrechnung in Kontenform möglich.

6.3. Sozialprodukt und volkswirtschaftliche Gesamtrechnung

Das Kontensystem der volkswirtschaftlichen Gesamtrechnung besteht aus einer Kombination von Sektoren und Kontengruppen.
Es soll mit 7 Sektoren gearbeitet werden:

---

[55]) Hamer, G., a.a.O., S. 13.

I. 1. Produktionsunternehmen,
   2. Banken,
   3. Versicherungen.
II. 4. Sozialversicherung,
   5. Gebietskörperschaften.
III. 6. Private Organisationen ohne Erwerbscharakter und
   7. Private Haushalte.

Das *vereinfachte Kontensystem,* das wir graphisch darstellten, arbeitet nur mit 3 Sektoren:

I. Unternehmen,

II. Haushalte,

III. Staat.

Für beide Systeme sind jedoch 8 Kontengruppen vorhanden

1. Produktion und ihre Verwendung,
2. Entstehung von Erwerbs- und Vermögenseinkommen,
3. Verteilung von Erwerbs- und Vermögenseinkommen,
4. Umverteilung der Einkommen,
5. Letzter Verbrauch und Ersparnis,
6. Veränderung des Reinvermögens,
7. Veränderungen der Forderungen und Verbindlichkeiten und
8. Zusammengefaßtes Konto der übrigen Welt.

Die ersten 7 Kontengruppen umfassen je 1 Konto je Sektor, das ergibt (7 × 7) 49 Konten + 1 (8. Kontengruppe) = 50 Konten. Jedes dieser Konten besteht in Anlehnung an die betriebswirtschaftliche Gewinn- und Verlustrechnung aus einer Aufwands- und Ertragsseite.

Die westdeutsche volkswirtschaftliche Gesamtrechnung baut auf Vergangenheitswerten auf, die es zu analysieren gilt. Im Gegensatz dazu versucht man in den skandinavischen Ländern, in England und in Frankreich – im Rahmen einer Marktwirtschaft – das Sozialprodukt der Zukunft langfristig im voraus zu programmieren.

Ansätze einer marktwirtschaftlichen Planung zeigen sich in den Projektionen der mittelfristigen Wirtschaftsentwicklung, die in Varianten erstellt werden. Hierbei unterscheidet man Perspektivprojektionen und Zielprojektionen, mit denen man z. B. eine mehrjährige Finanzplanung erstellen kann.

Was ist jedoch das Ziel all dieser komplizierten Rechentechniken?

Wenn man sich die Gesamtwirtschaft als einen Universal-Konzern vorstellt, läßt sich für jeden einzelnen Wirtschaftsbereich (je Sektor, Kontengruppe und Konto) eine Gewinn- und Verlustrechnung aufstellen, wie sie die Betriebswirtschaftslehre für das Einzelunternehmen anfertigt. Fern-Ziel ist die genaue Feststellung und Maximierung des Netto-Sozialprodukts im Rahmen dieser Gewinn- und Verlustrechnung. Damit rückt die Betriebswirtschaftslehre wieder in den Kernbereich der Volkswirtschaftslehre.

7. Zusammenfassung

Aufgabenstellung des Themas „Einführung in die Volkswirtschaftslehre" war es, das *Entstehen* und den *Ablauf* des Wirtschaftsprozesses zu skizzieren. Zunächst untersuchten wir die *Produktionsfaktoren* Boden, Arbeit und Kapital. Ihr Zusammenwirken führte zum *Güterangebot,* über die *Konsumtion* (Verbraucher-Nachfrage) gelangten wir zur *Preisbildung* und ihren Gesetzmäßigkeiten in den verschiedenen *Marktformen*.

Bis zu diesem Zeitpunkt war unsere Analyse rein güterwirtschaftlicher Natur, deshalb stellten wir anschließend die *Bedeutung und die Wirkungen des Geldes* im Wirtschaftsablauf heraus.

Die gültige *Wirtschaftsordnung* bestimmt jedoch den Wirtschaftsablauf, deshalb war sie darzustellen.

Da die *Verteilungslehre* eine *Preiserklärung* der Produktionsfaktoren ist, waren Lohn, Grundrente, Zins und Unternehmergewinn zu untersuchen.

Der *Wirtschaftskreislauf* wurde auf dem Wege der Isolation und der Variation vereinfacht erläutert. *Wachstum, Konjunkturentwicklung, Außenhandel und Staatstätigkeit* ließen das Bild der modernen arbeitsteiligen Wirtschaft entstehen. Entstehung, Verteilung und Verwendung des Sozialprodukts führten als Ausblick zur *volkswirtschaftlichen Gesamtrechnung* hin.

8. Exkurs: Aktuelle Probleme der Währungspolitik unter außenwirtschaftlichen Aspekten im Rahmen der Wirtschaftspolitik[56])

Bei der Darstellung des *Wirtschaftskreislaufes* beschäftigten uns die Probleme des *Wachstums* (Multiplikator und Akzelerator), des *Außenhandels* (importierte Inflation), der *Staatstätigkeit* und der *volkswirtschaftlichen Gesamtrechnung*. Im nachfolgenden Exkurs sollen einige aktuelle wirtschaftspolitische Fragen im Zusammenhang exemplarisch dargestellt werden.

Die allgemeine Volkswirtschaftspolitik beschäftigt sich mit der Theorie volkswirtschaftspolitischer Gestaltungsmöglichkeiten[57]). Die spezielle Volkswirtschaftspolitik, die *Wirtschaftspolitik*, untersucht die praktischen Beeinflussungsmöglichkeiten der wirtschaftlichen und sozialen Umwelt in der *Finanz-, Sozial-, Agrar-, Gewerbe-, Verkehrs- und Außenwirtschaftspolitik*, um nur einige Teilgebiete herauszugreifen. Dabei kann es sich um die Lösung nationaler, aber auch um die Lösung internationaler oder supranationaler Probleme handeln.

Aus aktuellem Anlaß wurde aus dem Gebiet der Außenwirtschaftspolitik die *Währungspolitik* herausgegriffen, die auf Grund der jüngsten Entwicklung in ihren Möglichkeiten kritisch erläutert werden soll. Im Rahmen der Darstellung wollen wir uns im wesentlichen auf die exogenen (von außen kommenden) Faktoren beschränken, da die endogenen Faktoren (z. B. die binnenwirtschaftliche Kosteninflation) – wegen der Thematik – nur am Rande behandelt werden können.

8.1. Ziele, Träger und Instrumente der Währungspolitik

Oberstes Ziel der Währungspolitik – im Rahmen der Wirtschaftspolitik – sollte die *Geldwertstabilität* sein, denn solange diese nicht gesichert ist, scheitert eine *ordnungspolitische Wettbewerbspolitik*.

Die Stabilität der Währung muß absoluten Vorrang haben, da in jedem anderen Falle die Sparer, die Rentner und die sozial schwachen Gruppen die Hauptleidtragenden sind.

Mit Hilfe währungspolitischer Befugnisse regelt die *Deutsche Bundesbank* den *Geldumlauf und die Kreditversorgung* der Wirtschaft mit dem Ziel, die Wäh-

---

[56]) am 21. Mai 1971 gehalten als Probevortrag an der Fachhochschule in Rosenheim.
[57]) Weddigen, W., Grundzüge der allgemeinen Volkswirtschaftspolitik, Wiesbaden 1966, S. 21.

rung zu sichern. So ist die Deutsche Bundesbank – neben den Organen des Staates – Trägerin der nationalen Währungspolitik. Beiden Trägern steht ein breites *Instrumentarium* zur Verfügung, das von der Diskont-, Mindestreserve- und Offen-Markt-Politik der Deutschen Bundesbank bis zur Fiskal-Politik des Staates reicht.

Träger internationaler Währungspolitik sind der IWF (Internationaler Währungsfonds), das *EWA* (Europäisches Währungsabkommen) und später die Europäische Gemeinschaft, wenn die Wirtschafts- und Währungsunion verwirklicht werden sollte *(Stufenplan).* Es taucht dann die berechtigte Frage auf, ob es eine nationale Wirtschaftspolitik noch gibt.

8.2. Stabiles Geld und ausgeglichene Zahlungsbilanz im magischen Viereck

Das Gesetz zur Förderung der *Stabilität* und des *Wachstums* der Wirtschaft[58]) aus dem Jahre 1967 stellt uns das bereits bekannte magische Viereck vor:

a) *Stabilität des Preisniveaus,*

b) hoher Beschäftigungsgrad *(Vollbeschäftigung),*

c) *außenwirtschaftliches Gleichgewicht* und

d) angemessenes *Wirtschaftswachstum.*

Der Laie glaubt, daß die gleichzeitige Verwirklichung der Zielsetzungen möglich sei. Der Fachmann weiß jedoch, daß es zu *Zielkonflikten* kommt. Stabiles Preisniveau und ausgeglichene Zahlungsbilanz sind nur dann voll erreichbar, wenn Wirtschaftswachstum und Vollbeschäftigung (in unserem Falle besser Überbeschäftigung) zurückstehen. Ebenso muß man bei Vollbeschäftigung und Wirtschaftswachstum eine unausgeglichene Zahlungsbilanz und 4 %–5 % Inflation in Kauf nehmen. Die Beispiele Bundesrepublik Deutschland und Kanada zeigen, daß die hier aufgestellten Thesen richtig sind.

Es gibt noch eine dritte Möglichkeit, die Stagflation der USA mit Zahlungsbilanzdefiziten, Inflation, Arbeitslosigkeit und gebremstem Wachstum. Diese Möglichkeit sollte man jedoch tunlichst ausschalten.

Außerdem muß man sich im gegenwärtigen Zeitpunkt fragen, wo das *Wachstum* real bleibt, da die *Arbeitsproduktivität* ständig fällt. Was nützt uns eine Vollbeschäftigung, die uns bald mehr kosten wird als sie einbringt, da nur noch ausländische Arbeitnehmer zur Verfügung stehen und wir für sie menschenwürdigen Wohnraum, Schulen für ihre Kinder usw. schaffen müssen. Der zweifellos bestehende *Zielkonflikt* sollte eindeutig zu Gunsten der *Währungsstabilität* entschieden werden, und zwar nach außen und nach innen.

---

[58]) Das Gesetz zur Förderung der Stabilität und des Wachstums der Wirtschaft v. 8. Juni 1967, BGBl. X S. 581 ff., in: BMWI, Texte, LP, 3. Auflage, Bonn 1970.

8.3. Die Ursachen der gegenwärtigen Währungskrise (Störungsfaktoren)

Während der *Goldautomatismus* mit dem oberen und unteren Goldausfuhr- und Goldeinfuhrpunkt vor dem ersten Weltkrieg den zwischenstaatlichen Zahlungsverkehr optimal regelte, kam es in der Zwischenkriegszeit und danach meist zur Devisenzwangswirtschaft, die im Jahre 1958 in der Bundesrepublik Deutschland aufgehoben wurde.

Der in Bretton Woods beschlossene *IWF* legte Währungsparitäten fest. Den Mitgliedsländern des *IWF* ist es jedoch erlaubt, die *Goldparität* ihrer Währungen zu ändern, wenn sich ein fundamentales Ungleichgewicht der Zahlungsbilanz herausstellt. Die Bundesrepublik hat 1949 von DM 3,33 auf DM 4,20 für 1 US Dollar abgewertet (Ursache war die Abwertung des englischen Pfundes), 1961 um 5 % aufgewertet auf DM 4,00 und je 1 US Dollar und 1969 erneut auf DM 3,66 je 1 US Dollar (um 9,5 %) aufgewertet.

Wir haben bei der Behandlung des Phänomens der *importierten Inflation* bereits darauf hingewiesen, daß die Störungen im Wirtschaftsablauf von einem Land auf das andere übertragen werden können, wenn die *Wechselkurse nicht flexibel* sind. Die *importierte Inflation* kann letztlich nur dann umgangen werden, wenn man im Gleichschritt mit seinen Partnern inflationiert oder flexible Wechselkurse schafft, wie Kanada dies getan hat.

Der US Dollar wurde zur Leitwährung des Systems von Bretton Woods gemacht. Diese Entscheidung war so lange richtig, als der Dollar eine harte Währung darstellte. Wenn man auf den *Goldstandard* zurückgreift und den Goldpreis heute mit etwa 42 US Dollar ansetzt, ist der Dollar mit etwa 15 % überbewertet. Ein Kaufkraftparitätenvergleich dürfte für die USA noch ungünstiger ausfallen.

Durch die Schaffung von sog. Sonderziehungsrechten hat man eine Art Papiergold geschaffen und die internationale Liquidität weiterhin angereichert. Die Goldvorräte der USA werden heute auf etwa 10 Mrd. Dollar geschätzt. Würde die Deutsche Bundesbank auf einem Umtausch ihrer Dollars in Gold bestehen, wären die Währungsreserven der USA verschwunden.

Die Schuld am Debakel des internationalen Währungsungleichgewichtes liegt weder bei der Bundesrepublik noch bei der EWG, vielmehr sind die Inflationspolitik der USA mit Niedrigzinsen, die amerikanischen Zahlungsbilanzdefizite und der galoppierende Euro-Dollar-Markt die Ursachen der weltweiten Krise. Der US Dollar als *Leitwährung* müßte abgewertet werden. Geschieht dies nicht, so werden wir – über die importierte Inflation – zwangsweise an den negativen Erscheinungen teilhaben. Die Zahlungsbilanzdefizite der USA ziehen sich schon über einige Jahre hin. Aus den papierenen Gegenwerten dieser Zahlungsbilanzdefizite entstand ein eigener Markt, der Euro-Dollar-Markt, den wir jetzt näher betrachten wollen.

Der sog. Euro-Dollar-Markt umfaßt Ende 1970 etwa 45 Mrd. US Dollar. Der Schwerpunkt für Tages- und Termingelder ist London und Zürich. Neben diesem Markt gibt es noch den Euro-Bond-Markt mit einem Volumen von etwa 12,5 Mrd. Dollar. Hier halten insbesonders die Geschäftsbanken ihre Dollarbestände und arbeiten damit. Dieser Euro-Markt stellt eine finanzielle Nebenregierung dar. Er hat seine Ursachen in den Zahlungsbilanzdefiziten der *USA* und in der Geldpolitik der *UdSSR,* die ebenfalls etwa 600 Mill. Dollar an europäische Geschäftsbanken auf diesem Markt ausleiht.

Hauptursache für den Dollarzufluß in den letzten 16 Monaten vor der vorübergehenden Schließung der Devisenbörsen war die Hochzinspolitik der Deutschen Bundesbank, die Bremseffekte gegen inflationäre Tendenzen im Inland zeitigen sollte. Sie mußte abgebaut werden, da die *USA* eine Niedrigzinspolitik betreiben, um ihre Arbeitslosenquote abzubauen. Das *Zinsgefälle* zwischen Frankfurt/Main und New York beträgt im Mai 1971 noch immer 1,25 %.

Dieser Euro-Markt dient vielen deutschen Firmen als Finanzierungsquelle, die zu diesem Zweck eigene Gesellschaften gründen, so z. B. AEG, Bayer und Hoechst. Auch deutsche Banken sind mit diesem Euro-Markt verquickt, indem sie sich dort – nach dem Münnemann-Rezept – kurzfristiges Geld besorgen und dies längerfristig anlegen, wenn sich dies zinslich rentiert.

Die Euro-Märkte stellen eine ernste Gefahr für die europäische Währungsintegration dar, da ständig riesige Geldsummen in Bewegung gesetzt werden können.

8.4. Währungsstabilität, Zinsen und Außenhandel im engeren Zusammenhang

Wir haben gesehen, daß die *binnenwirtschaftliche Währungsstabilität* durch Maßnahmen der Deutschen Bundesbank nur dann angesteuert werden kann, wenn die *Bremsraketen* zünden. Dies ist nicht möglich, wenn bei fixen Wechselkursen Auslandsgelder wegen hoher Zinsen hereinströmen und durch Spekulationsgelder des Euro-Dollar-Marktes die Disparitäten noch verschärft werden.

Außerdem können sich deutsche Firmen jederzeit billige Kredite im Euro-Dollar-Markt besorgen und somit die autonome Hochzinspolitik der Deutschen Bundesbank unterlaufen.

Daneben handelt es sich wegen der *Kosteninflation,* die auf überhöhte Lohnerhöhungen zurückzuführen ist, um eine hausgemachte Inflation, die, wie wir noch sehen werden, durch *flankierende Maßnahmen* und *ordnungspolitische Eingriffe* zu bekämpfen ist.

Der Preisdruck auf die Exportindustrie kann sich positiv auswirken, da die Unternehmen dann überhöhte Lohnforderungen nicht mehr weiterwälzen können und auch die Gewerkschaften – im Rahmen der *konzertierten Aktion* – kürzer treten müssen.

8.5. Das währungspolitische Dreieck der Deutschen Bundesbank

Die *Deutsche Bundesbank* kennzeichnet in ihrem Geschäftsbericht von 1970[59]) ihr *währungspolitisches Dreieck* wie folgt: feste Paritäten, binnenwirtschaftliches Gleichgewicht in der Kreditpolitik und Liberalisierung des Kapitalverkehrs. Zur Frage der *Paritäten* wäre zu sagen, daß die Deutsche Bundesbank zunächst den Weg in die Devisenbewirtschaftung gehen wollte. Prof. Schiller konnte jedoch seine marktwirtschaftliche Lösung durchsetzen. Ob die alte Parität wirklich wieder erreicht werden kann, hängt mit von der Politik der Deutschen Bundesbank ab.

Die Orientierung der *binnenwirtschaftlichen Kreditpolitik* an den Erfordernissen unseres Marktes ist, wie wir aufgezeigt haben, nur teilweise möglich, da die *Bremsraketen* nicht zünden, wenn die Wechselkurse fix sind, deutsche Großfirmen weichen auf den Euro-Markt aus. Man müßte Mittel und Wege finden, das Fluchtkapital des Euro-Marktes abzuschrecken.

Als marktwirtschaftliches kurzfristiges Mittel kommt hier nur ein Auspendeln über die *Wechselkurse* in Frage. Langfristig müßte aber eine andere Lösung gefunden werden, die nur darin bestehen kann, daß die USA den Dollar abwerten oder der Zehnerclub gegenüber dem US Dollar aufwertet und den Euro-Markt zustopft. Denn Ziel der Liberalisierung des Kapitalverkehrs ist die Intensivierung des internationalen Handels und nicht die Förderung der Spekulation oder die Subventionierung einer verfehlten Außen- und Wirtschaftspolitik der USA.

8.6. Grundsätzliche Möglichkeiten eines Ausgleichs

Es sollen nachstehend einige Möglichkeiten erörtert werden, wie: Prompte Paritätsanpassung, Bandbreitenerweiterung und vorübergehende Freigabe. Daneben haben wir das System der festen Paritäten ohne Goldausgleich.

8.6.1. Das System von Bretton Woods und Verbesserungsvorschläge

Die *festen Paritäten des IWF* waren ursprünglich an einen Goldausgleich gebunden. Theoretisch besteht für die europäischen Notenbanken die Möglichkeit, Gold für die Dollars aus den USA abzurufen. De Gaulle hat von dieser Möglichkeit Gebrauch gemacht. Um den Goldtransfer zu umgehen, hat man die Sonderziehungsrechte geschaffen, die eine Art Papiergold darstellen und die die Aufblähung der Dollar-Reserven noch verschärfen.

Der IWF kommt noch 1970 in Kopenhagen zu dem Ergebnis, die stabilen Wechselkurse beizubehalten, sie von Zeit zu Zeit anzupassen und andere Alternativen abzulehnen. Nachfolgend soll dargestellt werden, welche weiteren Alternativen zur Verfügung stehen könnten.

---

[59]) Geschäftsbericht der Deutschen Bundesbank für das Jahr 1970, Ffm., März 1971, S. 22 f.

Bei der prompten *Paritätsanpassung* in häufigeren, aber kleineren Schritten zeigt sich eine Analogie zur *Stufenflexibilität* von Lipfert[60]). Die häufigere Anpassung müßte schnell geschehen und würde die Risiken für die Exportindustrie mindern, allerdings auch die *terms of trade* beeinflussen.

Eine *Erweiterung der Bandbreiten* – z. B. auf 5 % nach oben und unten – würde zweifelsohne eine gewisse Flexibilität in das System hereinbringen. Eine *vorübergehende Freigabe des Wechselkurses* (floating), insbesondere beim beabsichtigten Übergang von einer unrichtigen zu einer neuen Parität, ist das Modell der flexiblen Wochen, das bereits 1969 in der Bundesrepublik praktiziert worden ist. Auch jetzt befinden wir uns in einer *Periode des floating,* deren Ende noch nicht abzusehen ist.

Eine interessante Variante scheint auch in der *Spaltung des Devisenmarktes* zu liegen, wie sie derzeit in Belgien praktiziert wird.

8.6.2. Die Devisenbewirtschaftung

Unter *Devisenbewirtschaftung* verstehen wir jene Maßnahmen, die die Ausgleichsfunktion des Marktes durch Vorschriften ersetzen, die mit einer freien Preisbildung nicht in Einklang zu bringen sind. Regierung und Notenbank müssen in diesem System die Nachfrage und das Angebot von Devisen überwachen und reglementieren. Dies geht bis zur Einführung der Todesstrafe für Devisenvergehen. Mit der Einführung der Devisenzwangswirtschaft werden Höchstpreise festgelegt. Neben dem offiziellen Markt bilden sich graue und schwarze Märkte, auf denen sich dann freie Preise bilden. Alle Devisenempfänger sind verpflichtet, diese Devisen – natürlich zum vorgeschriebenen Preis – an die Notenbanken zu verkaufen. Für Inländer, die ins Ausland reisen wollen, ist meist auch der Ankauf ausländischer Währung in der Höhe stark begrenzt. Man kommt schnell in eine Devisenbewirtschaftung hinein, aber schlecht wieder heraus.

8.6.3. Voll-flexible Kurse (Kanada)

Am 31. Mai 1970 hat die Kanadische Regierung den Wechselkurs des kanadischen Dollars völlig freigegeben. Folgende *Faktoren* waren hierfür maßgeblich: starker *Zustrom heißen Geldes* aus den USA, hohe *Exportüberschüsse* und mangelnde Preisstabilität mit einer *Preissteigerungsrate von mehr als 5* %. Welche Folgen sind bis heute eingetreten? Die Preissteigerungsrate für *1970* betrug nur *1,4* %, sie ist damit die niedrigste der westlichen Welt. Allerdings erreichte die Arbeitslosenquote im Dezember 1970 6,6 %. Das Beispiel Kanada zeigt jedoch, daß die gemachten Aussagen über das Magische Viereck und seine Zielkonflikte richtig sind.

8.6.4. Der gegenwärtige Versuch und seine Gefahren

Es ist fraglich, ob die *Bundesregierung* ihr Versprechen halten und zur alten Parität – gegen den Markt – zurückkehren kann. Dies dürfte langfristig nicht

---

[60]) Lipfert, H., Einführung in die Währungspolitik, Beck, München, 1971, S. 6 ff.

der Fall sein, wenn die USA keine andere Währungspolitik einschlagen. Bisher ist der amtliche Dollarkurs noch nicht stark abgefallen, weil sich die Deutsche Bundesbank in der Abgabe von US-Dollar zurückgehalten hat. Die teilweise Anwendung von § 23 Außenwirtschaftsgesetz, indem man die Verzinsung auf Konten Gebietsfremder über DM 50 000,– genehmigungspflichtig macht, dürfte nicht ausreichen. Wenn man schon dirigistisch arbeitet, müßte man gleich die Kreditaufnahme im Ausland verbieten, soweit es den Euro-Dollar-Markt betrifft.

Es ist auch fraglich, ob die noch darzustellenden *flankierenden Maßnahmen* zur Stabilisierung ausreichen. Tun sie dies nicht, wäre der Einsatz in diesem Spiel zu hoch, denn eine außenwirtschaftliche Absicherung allein ist nicht effizient genug, wie es die Aufwertung 1969 gezeigt hat. Wenn wir von den flexiblen Kursen abgehen, wird uns nur noch ein gespaltener Devisenmarkt als Lösung verbleiben, denn nur hier könnten die spekulativen Dollars zum freien Preis absorbiert werden.

8.7. Flankierende binnenwirtschaftliche Maßnahmen

Ohne flankierende binnenwirtschaftliche Maßnahmen dürfte es nicht gelingen, die Stabilität wiederzugewinnen. Ansätze hierzu sind vorhanden. Der Konjunktur- und der Finanzplanungsrat geben u. a. folgende Empfehlungen:

1. *Verminderung der Kreditaufnahme* bei Bund und Ländern um 1,8 Mrd. DM, bei den Gemeinden um 0,5 Mrd. DM.
2. Aus Steuereingängen sollen bei Bund und Ländern 1,7 Mrd. der *Konjunkturausgleichsrücklage* zugeführt werden und
3. sollen für *Verwaltungsaufgaben und Baumaßnahmen* bei Bund und Ländern weitere 1,8 Mrd. DM *stillgelegt* werden.

Das hört sich gut an. Bis zur Verwirklichung ist jedoch noch ein weiter Weg. Außerdem müßte es – im Rahmen einer konzertierten Aktion – zu einer *Beruhigung an der Lohn-Kosten-Preis-Front* kommen. Ist dies nicht der Fall, muß entweder die Deutsche Bundesbank bremsen oder der Finanzminister muß die Steuerschraube anziehen, um die Übernachfrage im Inland zu dämpfen. Letztlich wird es also ohne *ordnungspolitische Eingriffe* nicht gehen.

8.8. Nationale Wirtschaftspolitik, Europäischer Agrarmarkt und europäische Gemeinschaft

Arndt[61]) ist in einem Interview der Auffassung: „die nationale Wirtschaftspolitik ist tot." Dies stimmt, wenn man sich unbesehen in das Inflationsboot der EWG (einschließlich Englands) setzt, oder die weichen Dollars bei gebundenen Kursen hereinläßt. Es trifft auch dann zu, wenn man die Kosteninflation

---

[61]) Arndt, K. D., Die nationale Stabilitätspolitik ist tot, in: Wirtschaftswoche, Nr. 18 v. 4. 4. 1971, S. 36 ff.

im Inland nicht ordnungspolitisch bekämpft. Das Beispiel Kanada beweist jedoch, daß es auch anders geht. Man sollte nie den zweiten Schritt vor dem ersten tun. Dies zeigt die Entwicklung des gemeinsamen Agrarmarktes, dem wir uns jetzt zuwenden wollen.

Die Rechnungseinheit dieses Marktes ist der grüne Dollar, wie früher die EZU (Europäische Zahlungsunion)-Verrechnungseinheit. Die Schwierigkeiten sind groß, die deutschen Bauern vor Verlusten zu schützen, die zwangsläufig dann eintreten, wenn man die DM aufwertet bzw. die Kurse schwanken läßt. Gerade die *Agrarunion*, die nicht für den Markt produziert, die vielmehr riesiger Subventionen bedarf, zeigt jedoch, was entstehen kann, wenn man sich nicht vorher ordnungspolitisch fragt, wohin die Reise geht.

Die Beschlüsse des Ministerrates der Europäischen Gemeinschaft vom 8./9. 2. 71 hören sich gut an. Man hat an alles gedacht, an die Verringerung der Bandbreiten, an England, an konkrete währungspolitische Maßnahmen, an Konsultationen und Ausschüsse; aber, man weiß noch nicht wohin die Reise geht. Für die Bundesrepublik, Holland und Belgien ist es doch wenig sinnvoll, in ein Inflationsboot einzusteigen, in dem romanische Planification, französischer Agrar- und Übersee-Protektionismus und italienisches Regie-Verlust-Denken die wirtschaftspolitischen Zielsetzungen der Gemeinschaft mitbestimmen. Die ungelösten Probleme Englands wollen wir einmal ganz außer Ansatz lassen. Wenn man die Wirtschafts- und Währungspolitik, die man nicht isoliert sehen kann, nicht unter ordnungspolitischen Gesichtspunkten betrachtet, könnten die Überraschungen, die sich dann einstellen dürften, noch größer sein als bei der Agrarunion. Die geldpolitische Autonomie sollte daher nicht leichtfertig aufs Spiel gesetzt werden, sonst ist die nationale Stabilitätspolitik tot.

8.9. Schlußbetrachtung (Währungspolitik)

Innerhalb des *magischen Vierecks* sollte die *Währungsstabilität* einen absoluten Vorrang haben, schon allein deshalb, weil bei 420 Mrd. Sparkapital schon bei 5 % Inflation im Jahr 21 Mrd. DM verlorengehen.

Die Bundesrepublik sollte – innerhalb des *Zehnerclubs* – auf eine gemeinsame Haltung gegenüber der Weichwährung des US-Dollars drängen, falls die USA keine währungspolitischen Konsequenzen ziehen.

Den EWG-Partnern sollte durch die Bundesrepublik ein gemeinsames Wechselkurssystem vorgeschlagen werden, das marktwirtschaftlich orientiert ist.

Die nach außen gerichtete marktwirtschaftliche Lösung des aktuellen Währungsproblems müßte nach innen nicht nur durch flankierende Maßnahmen, vielmehr auch durch ordnungspolitische Eingriffe der Deutschen Bundesbank und der Steuerpolitik ergänzt werden.

Das *Floating* ist sinnlos, wenn man zur alten Parität zurückkehrt.

Die wirtschafts- und währungspolitischen Zielsetzungen müssen unter ordnungspolitischen Gesichtspunkten überprüft werden.

Letztlich ist jedoch die *Inflation* stets Ausdruck für eine überhöhte Geldmenge und ein Symbol für eine gewisse *Maßlosigkeit*. Der Abbau der Inflation ist daher nicht nur eine wirtschaftliche, vielmehr auch eine geistige Aufgabe. Vielleicht können wir das Gespenst der Inflation erst dann bannen, wenn wir erkennen, daß das menschliche Glück in seiner Begrenzung liegt.

Das Währungsabkommen von Washington vom 18./19.12.1971

Langfristig bringt der zehnprozentige Einfuhrzoll den USA mehr Nachteile als Vorteile. Nachdem die Amerikaner dies erkannt hatten, ging es nur noch um die Frage, wann und unter welchen Umständen der Dollar abgewertet werden würde.
Die letzte Tagung des Zehnerclubs in Washington zeigt als Ergebnis eine völlige Neuordnung des Wechselkurssystems. Der Dollar wird um 7,89 % abgewertet, die DM um 4,61 % aufgewertet. Man kann jedoch auch sagen, der Dollar wird um 8,57 % aufgewertet, wenn man vom Goldpreis ausgeht, der von 35 auf 38 Dollar je Unze erhöht wird. In diesem Falle beträgt die Veränderung nicht 12,5 %, sondern 13,57 % zwischen Dollar und DM.
Frankreich und England lassen ihre Währungen unverändert, die anderen Mitglieder des Zehnerclubs werten auf oder ab und Kanada floatet weiter.
Das Ergebnis des Währungsabkommens von Washington kann wie folgt zusammengefaßt werden:
1. Man kehrt formell zum System von Bretton Woods zurück, da man wieder feste Paritäten einführt.
2. Der offizielle Goldpreis wird von 35 auf 38 Dollar je Unze erhöht, so daß auch der IWF (Internationale Währungsfonds) wieder aktionsfähig wird.
3. Der Dollar kann wieder die Funktion einer Leitwährung erfüllen.
4. Gleichzeitig erfolgt jedoch eine Erweiterung der Bandbreiten, wie wir sie auf Seite 97 angedeutet haben, und zwar auf insgesamt 4,5 % (2,25 % nach oben und unten), wodurch das ganze System wieder flexibler wird.
5. Der Abbau von Handelsschranken zwischen den USA und der EWG ist prinzipiell, vor allem im Interesse der Verbraucher, zu begrüßen.

Es müssen jetzt jedoch durch die Bundesregierung erneut flankierende Maßnahmen beschlossen werden, die es verhindern, die festen Kurse zu unterlaufen. So wird das Bardepotgesetz die Kreditmöglichkeiten deutscher Firmen im Ausland einschränken.
Innerhalb der EWG muß man über den grünen Dollar nachdenken. Der Grenzausgleich für die deutsche Landwirtschaft muß vorläufig beibehalten werden und auch andere Strukturhilfen (z. B. für Werften) werden notwendig werden.

Innerhalb der EWG wird man prüfen müssen, ob man die Bandbreiten untereinander verringert, um damit die Währungsunion wieder ins Auge zu fassen. Insgesamt gesehen wird die Deutsche Mark stärker, der Export aber schwieriger werden.

Literaturverzeichnis

I. Einzelschriften und Sammelwerke

Beckerath, E., F., Müller, J. H.,	Einführung in die Volkswirtschaftslehre, in: Die Verwaltung, Einzelheft 31, Braunschweig 1957.
Böhm, F.,	Die Ordnung der Wirtschaft als geschichtliche Aufgabe u. rechtsschöpferische Leistung, Stuttgart 1957.
Bombach, G.,	Staatshaushalt und volkswirtschaftliche Gesamtrechnung, Basel 1957.
Carell, E.,	Allgemeine Volkswirtschaftslehre, 5. Auflage, München 1951.
Damaschke, A.,	Die Bodenreform, 20. Auflage, Jena 1923.
Djilas, M.,	Die neue Klasse, München 1971.
Erhard, L.,	Die soziale Marktwirtschaft, in: Ordnungsprobleme der Wirtschaft, Wien 1957.
Eucken, W.,	Die Grundlagen der Nationalökonomie, 6. Auflage, Tübingen 1950.
Eucken, W.,	Grundsätze der Wirtschaftspolitik, 2. Auflage, Tübingen 1955.
Föhl, C.,	Geldschöpfung und Wirtschaftskreislauf, 2. Auflage, Berlin 1955.
Föhl, C.,	Kreislaufanalytische Untersuchung der Vermögensbildung in der Bundesrepublik und Beeinflußbarkeit ihrer Verteilung, Föhl-Gutachten, Tübingen 1964, Bd. II, Schriftenreihe des Instituts für angewandte Wirtschaftsforschung.
Gutenberg, E.,	Die Produktion, 2. Auflage, Berlin 1955.
Haller, H.,	Finanzpolitik, Grundlagen und Hauptprobleme, Tübingen 1957.
Halm, G.,	Geld, Außenhandel und Beschäftigung, München 1951.
Kei Shibata,	On the Law of Decline in the Rate of Profit, in: Kyoto University Review, Kyoto 1934.
Krelle, W.,	Verteilungstheorie, Wiesbaden 1961.
Krelle u. a.	Überbetriebliche Ertragsbeteiligung der Arbeitnehmer, Tübingen 1968.
Lenin, W. I.,	Der Imperialismus als jüngste Etappe des Kapitalismus, Hamburg 1921, ebenso in Werke, Bd. I., 5., Berlin 1951, S. 709 ff.
Marx, K.,	Kapital, Band I, englische Ausgabe, 7. Auflage, Berlin 1928.

Marx, K.,	Das Elend der Philosophie, Berlin 1952.
Marx, K.,	Das Kapital – Kritik der politischen Ökonomie, Bd. I–III, 7. Auflage. Berlin 1958.
Marx-Engels,	Ausgewählte Schriften in 2 Bänden, Briefwechsel, Bd. II, Berlin 1949.
Lange, G. M.,	Die ökonomische Lehre des Stalinismus, in: Wissenschaft im totalitären Staat, Berlin 1955.
Lipfert, H.,	Einführung in die Währungspolitik, München 1971.
Lohmann, M.,	Einführung in die Betriebswirtschaftslehre, 3. Auflage, Tübingen 1959.
Mehnert, K.,	Der deutsche Standort, Stuttgart 1967.
Miksch, L.,	Wettbewerb als Aufgabe, 2. Auflage, Bad Godesberg 1947.
Müller-Armack,	Art.: soziale Marktwirtschaft, in: Handwörterbuch der Staatswissenschaften, Bd. 9, Stuttgart 1956, S. 390.
Schreiber, W.,	Soziale Ordnungspolitik heute u. morgen, Stuttgart 1968.
Nell-Breuning, O., v.,	Wirtschaft und Gesellschaft heute, Bd. II, Zeitfragen, Freiburg 1957.
Poignant, R.,	Das Bildungswesen in den Ländern der EWG, Braunschweig 1966.
Röpke, W.,	Die Lehre von der Wirtschaft, 7. Auflage, Stuttgart 1954.
Samuelson, P.,	Volkswirtschaftslehre, 2. Auflage, Köln 1955.
Schindler, W.-D.,	Der ökonomische Imperialismusbegriff des Marxismus-Leninismus in kritischer Darstellung, Dissertation, Wien 1962 (maschinenschriftlich).
Schindler, W.-D.,	Einführung in die Wirtschaftslehre, in: Unterrichtsblätter der Deutschen Bundespost, Herausgeber: Posttechnisches Zentralamt in Darmstadt, Hefte 2/3, 1965.
Stackelberg, H., v.,	Grundlagen der theoretischen Volkswirtschaftslehre, 2. Auflage, Bern 1951.
Sweezy, P. M.,	Theorie der kapitalistischen Entwicklung, Köln 1959.
Theimer, W.,	Der Marxismus, Lehre, Wirkung – Kritik, 2. Auflage, Bern 1957.
N. N.	Arbeitsgruppe Vermögenspolitik (BMA, BMW und BMF): Vermögenspolitik in einer wachsenden Wirtschaft, Bonn 1969.
N. N.	Geschäftsbericht der Deutschen Bundesbank für das Jahr 1970, Ffm, März 1971.
N. N.	3. Vermögensbildungsgesetz in der Fassung der Bekanntmachung v. 27. 6. 70 (BGBl. I S. 930 ff.).

II. Zeitschriften und Sonderdrucke

Arndt, K.-D.,	Die nationale Stabilitätspolitik ist tot, in: Wirtschaftswoche, Nr. 18 v. 4. 4. 71, S. 36 ff.
Böhm, F.,	Das Janusgesicht der Konzentration, – eine Achillesferse der Marktwirtschaft, in: FAZ vom 27. 5. 1961.
Burgbacher, F.,	Warum Beteiligungslohn? in: Rheinischer Merkur, Nr. 29 vom 19. 7. 1968 und Handelsblatt Nr. 156 v. 18. 8. 1969.
Friedrich,	Vermögensbildungsplan, in: Industriekurier, Nr. 88 v. 8. 6. 1968.
Gahlen, B.,	Hat die soziale Marktwirtschaft versagt?, in: Wirtschaftswoche, Nr. 4, v. 22. 1. 1971, S. 33 ff.
Gleitze, B.,	Sozialkapital und Sozialfonds als Mittel der Vermögenspolitik, in: WWI-Studien, Nr. 1, Köln 1968, S. 38 ff.
Hamer, G.,	Das Sozialprodukt im Jahre 1970, in: Wirtschaft und Statistik 1970, Heft 1, S. 11 ff.
Helmstädter,	Mittelfristige Prognosenmodelle für die Volkswirtschaft in der Bundesrepublik, in: der Volkswirt, Nr. 15, 1969, S. 35 ff.
Kade, G.,	Politische Ökonomie, die Marxsche Methode im Nachvollzug, in: Wirtschaftswoche, Nr. 26 v. 25. 6. 1971, S. 43 ff.
Lohmann, M.,	Neue Formen der Konkurrenz, in: Der Volkswirt, Nr. 51/52 (Sonderheft) 1959.
Neisser, H.,	Das Gesetz der fallenden Profitrate als Krisen- und Zusammenbruchsgesetz, in: Die neue Gesellschaft, Januar 1931, S. 280 ff.
Osswald, A.,	Vermögensbildung, in: Handelsblatt v. 25. 11. 1968.
Popitz, H.,	Zum Begriff der Klassengesellschaft, in: Hamburger Jahrbücher für Wirtschafts- und Gesellschaftspolitik, Hbg. 1958, S. 97 ff.
Schiller, K.,	Aktive Marktwirtschaftspolitik, in: Marktwirtschaft, die Zeitschrift für Wettbewerbpolitik und Wettbewerbspraxis, Heft 3. März 1971, S. 5 f.
Stützel, W.,	Steuersystem und Kapitalverkehr, in: Aussprache, Heft 5/1966, S. 135 ff.
Völk, H.,	Die Umkehrung der fallenden Profitrate, in: Schweizerische Zeitschrift für Volkswirtschaft und Statistik. 86. Jg., Bern 1952, S. 43 ff.
Voigt, K.,	Funktionsanalyse der Marktwirtschaft, in: Marktwirtschaft, die Zeitschrift für Wettbewerbpolitik und Wettbewerbspraxis, Heft 3, März 1971, S. 6 f.
N. N.	Vermögensbildung für jedermann, eine Denkschrift ev. und kath. Theologen zur Eigentumspolitik, in: FAZ v. 15. 1. 1964.

N. N.	ASU-Vorschlag, in: Die Aussprache, Heft 11/1967, S. 309 ff.
N. N.	Häußler-Plan, in Industriekurier vom 26. 4. 1969.
N. N.	Bundesgesetzblatt 1967, Das Gesetz zur Förderung der Stabilität und des Wachstums der Wirtschaft v. 8. Juni 1967, BGBl. S. 581 ff., in: BMWi / Texte, LP, 3. Auflage, Bonn 1970.
N. N.	Sparkassen- und Giroverband, Die Vermögensbildung hat sich bewährt, in: FAZ v. 6. 7. 1971, Nr. 152, S. 13.
N. N.	Deutsche Bundesbank, Monatsberichte der DBBk, 23. Jg., Nr. 2, Februar 1971, S. 52 ff.

Personen- und Sachregister

Agrarmarkt 99
Akzelerator 77, 78, 92
Angebot 18, 40, 45, 47, 49
Angebotskurve 37, 39
Angebotsmonopolist 50
Arbeit 28, 44, 70
Arbeitsteilung 29
Aufwertung 94
Außenhandel 49, 95
Außenwirtschaftsgesetz 98

Bandbreite 97
Bankpolitik 85, 96
Bewegungsgesetze 21
Bedürfnis 11, 41
Betrieb 31, 32
Bewertung 45
Bildung 30
Boden 26, 27, 28, 70
Bretton Woods 96
Bruttosozialprodukt 87, 89

Cournot 50, 51

Damaschke 71
Datum 12, 37, 45
Devisenzwangswirtschaft 97
DIAMAT 20, 23
Dienstleistungsbilanz 81, 82
Durchschnittskosten 34, 38
dynamische Preisbildung 47

Einkommen 42, 70
Einzelkosten 34, 35
Elastizität 46, 47
Engels 19, 20, 24
Erhard 63, 64
Ertragsgesetz 27, 28, 44
Eucken 13, 48

Euro-Dollar-Markt 95
Europäische Gemeinschaft 99

Feuerbach 20
flexible Wechselkurse 97
Fixkosten 34, 35, 36
Floating 83, 99
flankierende Maßnahmen 98

de Gaulle 16
Geld 49
Gemeinkosten 34, 35
Gesamtangebot 40
Gesamtkosten 34
Gesetz gegen Wettbewerbsbeschränkungen 68
– vom abnehmenden Bodenertragszuwachs 27, 28
Gewinn 32, 37, 39, 40
Gewinnmaximum 12, 13
Gleichgewicht 46, 48
Gold 56, 57
Gossen 12, 41, 43
Grenzkosten 34, 38, 48
Grenzkostenkurve 38, 39
Grenznutzen 41, 42, 43
Grenzproduktivität 44
Grundrente 18, 70, 71
Grundgesetze (ökonomische) 21
Güter 11, 26
Gutenberg 54

Hegel 20
heterogene Güter 53

Imperialismus 22, 23, 25
importierte Inflation 83, 84, 94
Indifferenzkurven 42, 43
Inflation 89, 93, 100

Kapital 18, 21, 29, 70, 72
Kartell 54, 56
Klassenkampf 21, 23, 24
Klassische Schule 16
Knappheit 11
komplementäre Güter 42
Konjunktur 19, 75, 78, 80
Konsumtion 54
Konzentration 21

Kosten 31, 32, 34, 36, 39, 48
Kostenkurve 38, 39, 40
Kostenremanenz 36
Krise 21, 22

Leistungsbilanz 81, 82
Lenin 22, 24, 25
Lohn 18, 21, 70, 72
Lipfert 97

Magisches Viereck 93
Makroökonomie 5
Marginalbetrieb 40
Markt 45
Markttransparenz 46
Marktformen 45
Marx 19, 21, 22, 24
Merkantilismus 15
Mehrwert 21
Mikroökonomie 5
Mindestreserve 61
Mill 19
Modell 13
Monopol 50
Multiplikator-Kredit 60, 61
– Investition 76, 77

Nachfragekurve 18, 40, 45, 47, 49
Nationalökonomie 18
Navigationsakte 16
Nell-Breuning, O.v. 64
Netto-Volkseinkommen zu Faktorkosten 87
– zu Marktpreisen 87
Nutzen 12, 41, 44, 45

objektive Wertlehre 45
ökonomische Gesetze 13, 21
ökonomisches Prinzip 11, 12
Oligopol 53
Ordoliberalismus 5, 25, 62
Originäre Produktionsfaktoren 29

Parität der Währung 94
Physiokraten 16, 17
Preise 18, 31, 37, 45, 46, 47, 48, 49
Produktion 26, 47, 49
Produktionsfaktoren 28, 30, 44

Produktionsmittel 21, 29
Produktivität 18, 28

Quantitätsgleichung 58
Quesnay 16

Rationalprinzip 13
Raumordnung 71
Ricardo 16, 18
Röpke 83
ruinöse Konkurrenz 21

Say 17
Samuelson 19
Schiller 69, 96
Schmalenbach 45
Smith 18, 30
Sozialprodukt 19, 49, 70, 86
soziale Marktwirtschaft 62, 63, 64, 66
Sparquote 59, 60
Staatstätigkeit 84, 85, 86
Steuern 85, 86, 98
Stufenflexibilität 97
subjektive Wertlehre 45
Substitution 28, 41, 42, 43

Tablaeau Economique 17
Tauschwert 18
Turgot 26

Überschuß der Zahlungsbilanz 81, 82
Umweltschutz 71
UNO 19
Unternehmergewinn 18, 49, 70, 73
unvollständige Konkurrenz 53, 54

variable Kosten 34, 35, 37
Variation 13
Verelendung 22
Vermögensbildung 63, 65, 66
Vertragsfreiheit 46
Verteilung 18, 49, 70
Volkseinkommen 70
Vollbeschäftigung 22
Volkswirtschaftslehre 5, 90
Volksw. Gesamtrechnung 49, 89, 90
vollständige Konkurrenz 34, 39, 45

Währung 57
Währungspolitik 92, 99
Währungsstabilität 90, 92
Warenkorb 57, 58
Wechselkurse 96
Wert 45
Wertzuwachssteuer 71
Wettbewerb 18
Wettbewerbsordnung 48, 69
Wertkreislauf 32
Wirtschaftsgeschichte 5, 14, 25
Wirtschaftskreislauf 70, 74, 80, 84, 86
Wirtschaftspolitik 18, 48
Wirtschaftssysteme 49

Zahlungsbilanz 81, 82
Zehnerclub 99
Zentralverwaltungswirtschaft 62
Zielkonflikte 93
Zins 15, 18, 33, 70, 72, 73
Zusatzkosten 34, 35

Raum für Notizen

Raum für Notizen.

Raum für Notizen

Raum für Notizen

Raum für Notizen

Raum für Notizen

Werner-Ingenieur-Texte

Schneider/Schweda
Statisch bestimmte ebene Stabwerke Teil 1 [WIT 1]

Schneider/Schweda
Statisch bestimmte ebene Stabwerke Teil 2 [WIT 2]

Schneider/Schweda
Statisch unbestimmte ebene Stabwerke
[WIT 3] In Vorbereitung

Schneider/Schweda
Festigkeitslehre
[WIT 4] In Vorbereitung

Mausbach
Einführung in die städtebauliche Planung
[WIT 5]

Xander/Enders
Regelungstechnik mit elektronischen Bauelementen
[WIT 6]

Werner
Tragwerkslehre Baustatik für Architekten Teil 1
[WIT 7]

Werner
Tragwerkslehre Baustatik für Architekten Teil 2
[WIT 8]

Otto
Bauphysik für Ingenieure und Architekten
Teil 1: Wärme- und Feuchtigkeitsschutz
[WIT 9] In Vorbereitung

Koch/Weidemann
Brückenbau Massive, balkenförmige Straßenbrücken Teil 1
[WIT 10]

Günther
Die Datenverarbeitung als Hilfsmittel des Ingenieurs
[WIT 11]

Stiegler
Baugrundlehre für Ingenieure
[WIT 12]

Lewenton/Werner
Grundlagen des Stahlhochbaues Teil 1
[WIT 13] In Vorbereitung

Lewenton/Werner
Grundlagen des Stahlhochbaues Teil 2
[WIT 27] In Vorbereitung

Kirchner
Spannbeton
[WIT 14]

Wommelsdorff
Stahlbeton Teil 1
[WIT 15]

Wommelsdorff
Stahlbeton Teil 2
[WIT 16] In Vorbereitung

Martz
Siedlungswasserbau Teil 1
[WIT 17]

Martz
Siedlungswasserbau Teil 3
[WIT 19] In Vorbereitung

Koch/Weidemann
Brückenbau Massive, balkenförmige Straßenbrücken Teil 2
[WIT 20]

Metzlaff
Fabrikationsbetriebslehre Teil 1
[WIT 21] **Teil 2** [WIT 22]

Heinen
Baubetriebslehre
[WIT 23] In Vorbereitung

Otto
Baustofflehre – Beton und Mörtel
[WIT 24] In Vorbereitung

Velske
Baustofflehre – Bituminöse Stoffe
[WIT 25]

Runge
Allgemeine Betriebswirtschaftslehre für Ingenieur- und Fachhochschulen
[WIT 26]

Schindler
Volkswirtschaftslehre
[WIT 28]

Werner-Verlag Düsseldorf